中华传记

明代阁臣
三杨内阁

宋立杰 ◎ 著

华中科技大学出版社
http://www.hustp.com
中国·武汉

图书在版编目(CIP)数据

明代阁臣:三杨内阁/宋立杰著. —武汉:华中科技大学出版社,2021.10
ISBN 978-7-5680-7612-8

Ⅰ.①明… Ⅱ.①宋… Ⅲ.①内阁制-研究-中国-明代 Ⅳ.①D691.21

中国版本图书馆 CIP 数据核字(2021)第 206238 号

明代阁臣:三杨内阁
Mingdai Gechen:San Yang Neige

宋立杰　著

策划编辑：章　红　张　丛
责任编辑：章　红
封面设计：璞茜设计
责任校对：阮　敏
责任监印：朱　玢
出版发行：华中科技大学出版社(中国·武汉)　　电话：(027)81321913
　　　　　武汉市东湖新技术开发区华工科技园　　邮编：430223
录　　排：华中科技大学惠友文印中心
印　　刷：武汉科源印刷设计有限公司
开　　本：710mm×1000mm　1/16
印　　张：15.5
字　　数：213千字
版　　次：2021年10月第1版第1次印刷
定　　价：45.00元

本书若有印装质量问题,请向出版社营销中心调换
全国免费服务热线：400-6679-118　　竭诚为您服务
版权所有　侵权必究

楔　　子

传统中国行政结构是一个垂直结构,最高统治者是皇帝,他顺承天意统治天下、统治万民。面对庞大的领土与纷杂的事务,皇帝一人实难处理,于是便要设官辅佐。文武群臣中最为重要、权力也最大的便是相。在漫长的发展演变过程中,相逐渐成为外廷百官之首,是政府首脑,与皇权产生了"离心"。历史上确有擅权、祸国殃民的相,但也有力挽狂澜、针砭时弊、对国家发展起到巨大作用的相。最高统治者不能离开相的辅佐,故而设有相,但从汉武帝开始,又在不断限制相的权力,于是乎,皇权与相权的矛盾一直存在,直至明朝。

鉴于皇权与相权的矛盾,拥有绝对权力的明太祖废除丞相,并下旨后世子孙不得设立丞相,如有朝臣奏请,则"文武群臣即时劾奏,将犯人凌迟,全家处死"。此后,直至明亡,明朝统治者再没有复设丞相一职。但凡对《明史》有所了解的人,大概都知道"明称贤相,必首三杨"这一说法。既然没有丞相,那为何又有"贤相"之称呢?"三杨"又是指代谁呢?是否是《明史》编纂者的失误呢?答案显然不是。出现这一局面,与明朝内阁制度有密切关系,也与明朝官员内心对相的留恋与追忆有关。

明太祖废除丞相后,一个棘手问题随之出现:在皇帝与六部等行政机构之间,形成了权力真空,外廷没有了丞相这一决策机构,六部只是执行机构,秉承皇帝旨意办事。进一步地说,明朝皇帝集国家首脑与政府首脑为一体,故而国家各种事宜都必须由其躬亲为之,否则朝政无法有效运转,甚至会瘫痪,此种情形万历朝最为常见。明神宗怠政,不视朝、不批阅奏折,以至于机构完全停摆。史载,仅仅在八天之内,明太祖朱元璋收到一千六百六十六件公文,共计三千三百九十一件事,平均每天要批阅两百份文件,处理四百件事情。这对于帝王是非常严峻的考验。可见,废除丞相之后,凭皇帝一己之力是不可能处理如此多的朝事的,毕竟一个人的精力与才能都是有限的。明太祖废除丞相原本是想加强皇权,杜绝权臣干政现象,自己直接处理政务。原本以为如此为之能提高办事效率,但事与愿违。在繁忙的政务面前,明太祖朱元璋言道:"人主以一身统御天下,不可无辅臣。"但他又不能复设丞相,如此则是自扇耳光,于是他与谋臣遍览历朝故事,希望在古制中寻求帮助。洪武十三年九月,也就是废除丞相制度仅仅半年,明太祖仿古制设立四辅官制。但是因为限制太多,四辅官制没有实现明太祖的目的,于是,明太祖又废除四辅官制。明太祖的第一次尝试以失败而告终。

然其一人实在无法及时处理繁杂的政务。明太祖又于洪武十五年十一月仿照宋朝制度,设置殿阁大学士,大学士的职权主要为"侍左右,备顾问,然不得平章军国事",也就是做好皇帝的参谋秘书,没有实际职权。此种规定主要是为了限制大学士的权力,防止出现权臣专政的现象。尽管此时大学士的权力与政治地位都比较低,但殿阁大学士成为一种常设制度,它的顾问功能与秘书定位成为内阁制度的范本。至明太祖去世,一直设有殿阁大学士。建文帝朱允炆在位期间,对殿阁大学士制度做了一些调整。由于此时特殊的政治背景,即靖难之役的爆发,建文帝与殿阁大学士之间的政治关系日趋紧密,从而使后者的辅政力度和顾问功能有所提高。明成祖朱棣时期,命解缙、胡广、杨荣、杨士奇、金幼孜、黄淮、胡俨七名翰林官入职文渊阁,参与机务,以备顾问。此举一般被认为是明朝内阁制度之始。但是,终永乐朝,阁臣依然如洪武朝,没有实权,只是遵照皇帝的旨意办事;阁臣官衔也仅为五品，连独立的办公场所也没有，用印也是翰林院的印章。至明成祖中期以后，内阁的职权渐重。

一般认为仁宣两朝是内阁制度的发展完善时期，其原因在于时任阁臣与两任帝王之间特殊的关系。明仁宗为太子时，深受明成祖的猜疑，赖东宫府僚的鼎力扶持，才得以保全，最终继承皇位。故而明仁宗对杨士奇等人非常信任，在不打破祖制的前提下，以设置三公三孤、兼任六部尚书等方式提升阁臣的政治地位，加大他们的辅政职责。阁臣的品秩虽然还是五品衔，但通过加官的方式，其品秩已然为正一品、二品，与六部尚书平起平坐，甚至凌驾其上。但阁臣只是皇帝的秘书，拥有六部尚书头衔只是提升他们政治地位的方式，而不是给予实权。正如《明仁宗实录》载："荣、幼孜、士奇、淮，俱掌内制，不预所升职务。"明宣宗朱瞻基时期，阁臣权力进一步提升，阁臣拥有了票拟的权力。在宣宗中后期，逐步形成三杨辅政的局面。

明英宗朱祁镇即位时，年仅九岁，无法亲自处理朝务。太皇太后张氏鉴于祖训，不能"垂帘听政"，考虑到三杨等阁臣与先帝的特殊关系，于是便委政内阁。朝廷一切政务先经内阁商议，再由太皇太后张氏核实，最后交由部、院衙门执行。此外，明宣宗时，除阁臣外，吏部尚书等人也享有票拟权，但从此时开始，内阁独享票拟权。这一切标志着阁臣已全面参与朝政，不再局限于备顾问。至嘉隆万时期，内阁遂被认为是政本之地，而阁臣则被认为是前朝之相。

既已交代内阁的发展，那么所谓的"三杨"究竟具体指代的是谁呢？他们便是杨士奇、杨荣、杨溥三人。杨士奇，建文三年，参与撰修《明太祖实录》。明成祖称帝后，机缘巧合下，他成为明朝首任内阁成员之一，得到明成祖的重用，参与机务。杨荣，建文二年进士，授翰林院编修，后被明成祖拣选入阁。杨溥，建文二年进士，授翰林院编修，明宣宗时入阁。三杨因居第位置与籍贯的不同，杨士奇居西，所以时人又称其为"西杨"，杨荣居东而称"东杨",杨溥居南而称"南杨"。

杨士奇、杨荣与杨溥三人的政治仕途虽始于建文朝,但真正在政局中有一席之地是在明成祖时期,开始辅佐帝王,至明仁宗、明宣宗与明英宗三朝,三人始终居于政治核心层。他们辅佐帝王近半个世纪,对由靖难之役、太子之争等事情造成的明朝局势由动荡走向稳定,做出了积极贡献,他们在矫枉除弊、减免赋役、整顿吏治、举贤任能、辅导帝王等方面发挥了巨大的辅政作用,可以说是与明初几代帝王一起构建了"天下清平,朝无失政,中外臣民翕然"的盛世局面,亦是"仁宣之治"的主要辅弼者。他们同朝辅政,政绩卓著,更为难得的是三人互补,"时谓士奇有学行,荣有才识,溥有雅操,皆人所不及云",充分发挥各自的长处。因此不仅知名于当世,而且享誉后世,受到世人的推崇,故被舆论与史家并称为三杨。

目 录

上编　盛世的序幕 ………………………………………………… 1

第一章　三杨生平 ………………………………………………… 3
第一节　三杨其人 …………………………………………… 4
第二节　三杨的政治理念 …………………………………… 16
第三节　互补的三杨 ………………………………………… 28

第二章　新机构的酝酿与发展 …………………………………… 33
第一节　新机构的诞生 ……………………………………… 34
第二节　阁臣：皇帝的智囊团 ……………………………… 51

第三章　旧朝与新朝 ……………………………………………… 61
第一节　变异的宗藩制度 …………………………………… 62
第二节　新朝的政治构成 …………………………………… 66

中编　开拓盛世 …………………………………………………… 77

第四章　君臣同心 ………………………………………………… 79

第一节 三杨与太子朱高炽的关系 ………………………… 80
  第二节 三杨的帝师经历 …………………………………… 91
  第三节 三杨与皇室内部问题 ……………………………… 101

第五章 三杨的政治角色扮演 ………………………………… 107
  第一节 三杨与永乐政局 …………………………………… 108
  第二节 三杨与仁宣政局 …………………………………… 114

下编 盛世的落幕 ……………………………………………… 149

第六章 三杨联盟的危机 ……………………………………… 151
  第一节 帝王的御臣之术 …………………………………… 152
  第二节 内阁与部院的矛盾 ………………………………… 165
  第三节 三杨的内部分歧 …………………………………… 173
  第四节 宦官权力的提升 …………………………………… 175

第七章 三杨谢幕 ……………………………………………… 179
  第一节 少年帝王明英宗 …………………………………… 180
  第二节 三杨的无奈与妥协 ………………………………… 197

附录 三杨年表 ………………………………………………… 209

延伸阅读书目 …………………………………………………… 235

后记 ……………………………………………………………… 237

上编
盛世的序幕

第一章
三杨生平

盛世与治世的出现,离不开明君,但也不能缺少名臣。与汉唐相比,明朝或在开疆拓土、奋发向上方面稍逊,但也不缺乏明君名臣,也有属于自己的风华。明太祖与明成祖的高压政治虽招致不少批判,但也奠定了明初较为稳定的社会环境,至明仁宗、宣宗时期(1425—1435),在明君与名臣的共同努力下,出现了明朝少有的治世,即"仁宣之治"。"仁宣之治"离不开"三杨内阁"这个著名的政治组合。"三杨"是指三位极具传奇色彩的人物,即杨士奇、杨荣与杨溥。他们的人生轨迹大多重合,性格迥异,相互之间又能够互补:杨士奇办事谨慎,有全局观,能谋善断;杨荣警敏,在军事方面颇具天赋;杨溥为人温和,行事低调,而品行端正,后世评价其颇具"雅操"。机遇与合作塑造了这样一个互补的"三杨"组合。明初政坛的三杨,与皇帝之间建立了良好的君臣关系,使得明初的政局能够相对稳定地发展。他们在政治、文化等方面开展合作,形成了一个较为牢固的联盟。这样一个联盟的形成,为开创明朝的盛世——"仁宣之治"创造了基础。

第一节　三杨其人

中国古代社会中，从来不乏匡扶社稷、改革时弊的能臣将相，他们秉持着"先天下之忧而忧，后天下之乐而乐"和民胞与物的情怀，谱写了一首又一首壮丽史诗；还出现了一些著名的政治组合，诸如齐国的管仲与鲍叔牙，汉初的萧何与曹参，唐朝太宗朝的房玄龄与杜如晦、玄宗朝的宋璟与姚崇。

《旧唐书·房玄龄杜如晦传论》："世传太宗尝与文昭图事，则曰'非如晦莫能筹之'。及如晦至焉，竟从龄之策也。盖房知杜之能断大事，杜知房之善建嘉谋。"史称"房谋杜断"。

房玄龄

（来源：《中国历代帝王名臣像真迹》河北美术出版社，1996年。后文所引该书均为此版，不重复标注）

杜如晦

（来源：《中国历代帝王名臣像真迹》）

明人依据三杨的居所与籍贯称杨士奇为"西杨",杨荣为"东杨",杨溥为"南杨"。本节以他们的生年与政治行迹为序,依次对他们的生平加以介绍。

一、"西杨"杨士奇

杨士奇,名寓,字士奇,以字行,号东里,谥文贞,江西泰和(今江西省吉安市泰和县)人,生于元至正二十五年(1365),卒于明正统九年(1444)。他是三杨中资历最高者,亦是最年长者。

杨士奇家境贫寒。三岁时,其父去世,使原本就已艰难的生活雪上加霜。杨士奇的外祖家是书香门第,在其父亲去世后,其外祖以静先生将杨士奇及其母亲带回泰和。可能是出于生活的压力,他的母亲带着他改嫁同乡罗子理。不久,罗子理考中进士,授职为德安府同知。杨士奇便与其母一同前往德安,在德安他们过了一段较为稳定的生活。但时隔不久,因政治原因,罗子理被贬至陕西,他和母亲便又回到了泰和。

虽然生活如此艰辛,但杨士奇的母亲陈夫人也不忘教他读书认字,这可能与其书香门第的家风有关,也与明朝科举制的推行,以及参加科举是普通民众提高社会地位的重要渠道有关系。杨士奇五岁时,他的母亲陈夫人便开始教授他《孝经》《大学》《论语》《孟子》等书;陈夫人也鼓励并支持杨士奇不断求学问学,甚至变卖饲养的母鸡为其换取书籍。杨士奇聪明颖悟,很快便熟读这些儒家经典著作。有一次,他的伯父向学生们出了一道题,以毛豆设对,学生们一时不知所措,而杨士奇则以肉桂相对,他的伯父认为很贴切,非常高兴,在场的人也非常惊讶杨士奇的聪明敏捷。十岁开始,杨士奇先后师从郭子

杨士奇

(来源:《中国历代帝王名臣像真迹》)

益、陈海桑等知名学者,学习《易经》、朱子学说、举业。由于家境艰难,无力买书,诸如四书五经等书都是从他人处借阅手抄以读之。与此同时,他也承担起了家务劳动,"皆身亲之,而书册未尝去手。暮入治家事,昼出从师学。已能自贵重,不逐闾巷童儿嬉狎"。① 凭借着这种毅力,他的学业不断取得进步。

孔庙大成殿
(摄于孔庙)

隋唐推行科举制以来,从国家到社会都很重视读书,兴办学校。学校与读书人的增多,对教书先生的需求也随之增多。从十五岁廿始,杨士奇便在家乡当起了私塾先生,从而有了一份稳定的工作与收入。但杨士奇并没有满足现状。他认为继续在泰和生活不利于其学识的进步,便决定外出游学。他先后在湖南、湖北、江西等地游学,一边教书为生,一边寻找当地知名学者探讨学问,如饥似渴地汲取古代先贤们的思想精华,不断提高自己的学识。

---

① 陈赏:《东里先生小传》,焦竑:《国朝献征录》卷12,台湾学生书局,1984年,第402页。后文所引用《国朝献征录》皆为此版,不另行标注。

他寄情山水,钻研史籍,日复一日,年复一年,杨士奇平淡而又不平凡的生活逐渐走过了二十个春秋,学识的积累、人品道德的高尚,使得他"从游益众",在士林中积累了一定的声望。丰富的社会人生阅历促使他关注社会动态和民生疾苦,也具有一定的政治抱负。然而命运给杨士奇开了个玩笑,他先后两次科举落第。现已无从知晓科举落第给杨士奇带来怎样的打击与影响,但他很快便调节好自身状态,并没有怨天尤人,继续攻读儒家经典。

明太祖朱元璋驾崩之后,皇太孙朱允炆即位,是为建文帝。是年,建文帝下令纂修《明太祖实录》,广招天下儒生。杨士奇在士林中拥有较大的名气,加之学识渊博,故被举荐参与纂修《明太祖实录》的工作。杨士奇欣然应召,在建文元年(1399)来到天子脚下——南京,从此开始了他富有传奇色彩的仕途生涯。

可以说《明太祖实录》的编纂给了杨士奇施展才华的舞台。由于他才华出众,纂修时又有主见,深得时为纂修总裁方孝孺的赏识。当时建文帝特别信任方孝孺、黄子澄等人。而后,建文帝命所有参与纂修者前往吏部考试,量才授职。杨士奇所答之策论又为吏部尚书张纮大加赞赏,认为这不是一般士子所写,故建议授职吴王府审理副,仍入翰林院修书。在翰林院任职成为他日后仕途的起点。但是终建文朝,杨士奇始终在翰林院任职,且是低品级的官职。真正对杨士奇以及杨溥、杨荣三人仕途有重大影响的有两大事件:一是明太祖废相,设立其他辅政机构;二是靖难之役,燕王朱棣登基,他们成为太子朱高炽与皇太孙朱瞻基的老师。

通过靖难之役,燕王朱棣成为一国之主。或许是在建文朝并没有步入政治核心圈,与建文帝的政治关系并不牢靠,或许是出于政治投机,或许是觉得建文帝与燕王都是朱氏子孙,燕王朱棣取代建文帝一事的性质并不是朝代更迭,谁当皇帝都可以,杨士奇是最早投靠明成祖的文臣之一。明成祖甚为高兴,召其为内阁大学士,参与机务,日渐倚重。从此杨士奇凭借可遇而不可求的机遇平步青云,接连升迁。杨士奇看似平坦而又传奇的仕途,离不开个人的渊博学识和多谋善断的能力。他的才能被当世公认,黄淮便指出,当时"凡大议论大制作,出公(注:杨士奇)居多","参赞经纶,辅成国家之盛";①雷礼亦言杨士奇"参政二十余年,上守祖训,下轸民瘼,凡事以正道倡之"。②

杨士奇的儒学造诣颇深,也时时以推行仁政劝谏明成祖。这一儒者形象与身份,也符合明成祖治国理政之需求。明成祖认为他是一位对国家有用的人才,对国家的发展一定大有裨益,因此挑选他为辅导太子的官员,在带兵北征之时,也常常命杨士奇留守京师,辅助太子监国,协助太子处理日常政务,以保证国家和官僚体系的正常运转。在这期间,太子朱高炽常常会就治理国家的相关问题向其请教,杨士奇每次也都耐心回答,对这位将来的国君进行有效的引导,也力图与之建立可靠的关系。明成祖虽已立长子朱高炽为太子,但是也有犹豫,一度欲更换太子,早期的藩府武将也倾向于汉王朱高煦。在此背景下,杨士奇等东宫府僚一直尽心辅导,为太子朱高炽争取明成祖的宠信而努力。杨士奇曾多次受到汉王的谗言,被明成祖下狱。也正因为此,杨士奇与太子朱高炽、皇太孙朱瞻基之间建立了深厚的情谊。明仁宗朱高炽即位后,杨士奇以东宫府僚与帝王师的双重身份,加之在永乐朝的政治经验,深得明仁宗的器重,先后被授职礼部侍郎兼华盖殿大学士,兼兵部尚书,加少保、少傅,食三禄;又获授"绳愆纠缪"银章,可不通过通政司直接进密疏言事。明宣宗朱瞻基时期,杨士奇既是三朝元老,又是顾命大臣,与明宣宗又有师生关系,亦被重用,被宣宗称为"有良臣之体",成为宣德朝政治核心人物。明宣宗去世前,指定杨士奇等五人为顾命大臣,明英宗朱祁镇年幼,太皇太后张氏遂委任三杨,杨士奇成为当时政务的主要决策者之一。在明仁宗、宣宗、英宗朝,阁臣杨士奇兼官少师、尚书,又是顾命大臣,位

---

① 黄淮:《少师东里杨公文集序》,杨士奇:《东里文集》,刘伯涵、朱海点校,中华书局,1998年,第1页。后文所用《东里文集》皆为中华书局本,不再标注。
② 雷礼:《国朝列卿记》卷8《内阁诸学士序》,文海出版社,1984年,第371页。

极人臣。

二、"东杨"杨荣

三杨中的东杨为杨荣。杨荣,初名道应,更名子荣,字勉仁,后又更名为荣。因其家乡在福建建宁府建安(今福建省建瓯市),地理位置上靠东,因此时人称为"东杨"。

杨荣
(来源:《中国历代帝王名臣像真迹》)

杨荣家族为当地望族,但自其高祖开始,家道中衰,"隐德弗耀"也只是无奈之语。据载,杨荣出生的时候,哭声非常大,时人都感到非常惊奇,其祖父"喜其啼声",认为杨荣能重振家族声势,故名曰"子荣"。杨荣也不负厚望,位极人臣。

杨荣早慧,六岁时,便能诵读《孝经》《论语》《孟子》诸篇。杨荣颇有才干,肯身体力行。十五岁时,乡里发生大旱,他率乡人烈日徒步奔走数十里求雨,果得大雨。当然,这颇类神异事迹,意在突出他的不平凡。他的父亲很重视教育,杨荣自小便受到儒家教育启蒙,家中长辈亦以他日显达期之,故其有明确的人生目标。在明朝,要参加科举考试,必须先入学校,获得资格。

杨荣选充郡庠生后,师从名师,益励志于学,学业更加进步,视野也日渐开阔。在与同门谈论古今名相之时,杨荣直言:"皋、夔、伊、周,或不可及,如其他,未有不可学而至也。"[①]杨荣所提到的四人都是我国古代著名的政治家:皋即皋陶,辅佐尧舜;夔,尧舜时期的乐官;伊即伊尹,辅佐商汤,是商朝

---

① 转引自鲁茜、王霞:《杨荣年表考》,《贺州学院学报》2017年第3期,第44-49页。

的开国元勋;周即周公旦,先后辅佐周武王与周成王,并摄政七年,制定和完善了周朝的相关制度。皋、夔、伊、周的事迹被后世传颂,他们的成功需要特定的历史环境。杨荣自言功绩很难达到他们的高度,但是历史上其他名臣的事功,通过学习是能够到达、可以匹敌的。从中可看出杨荣的雄心、抱负。

在传统社会中,科举考试是否及第是检验一个人学识的一大试金石。杨荣的科举经历较为顺利:建文元年,中福建乡试解元;次年(1400),中礼部会试第三名,最终中殿试二甲第三名,赐进士出身,被授予翰林院编修一职。但终建文朝,杨荣也没有进入政治核心圈,没有在政局中扮演重要角色,这可能是他最终没有殉节或者逃避,而是选择投靠明成祖的原因之一。

限于文献记载的阙如,我们很难量化杨荣在永乐朝的实际影响力,也很难理清明成祖对杨荣的信任程度有多高,但根据一些事件可以进行大体的判断。

杨荣仕途的发迹点同样是靖难之役。燕王朱棣进入南京城后,杨荣劝谏其先谒太祖陵,然后再入宫即位。朱棣仔细思索之后,明白了杨荣话语的内涵,遂决定先去祭拜太祖陵。原因有二,一是先祭拜太祖陵,可以体现身为人子的孝道,给文武百官留下一个良好的印象;二来可以显示自己得位之正,自身也是明太祖的子嗣,自己发动靖难之役本意是清除危害国家统治的奸臣,而不是为了皇位,这样就没有那么多的"反叛意味",不料建文帝自焚,而为了国家大计,他只能即位。靠这次进谏,杨荣赢得了明成祖的信任。①朱棣即位后,任命其入职文渊阁,并为其更名为荣。

在同人职内阁的七人当中,杨荣最为年轻,他为人非常警敏,尤其擅长处理军事与边境事宜,对巩固边防起到了重要的作用。明成祖每次出征,都命杨荣扈从,并负责处理军务。明成祖在位之时,经常派杨荣前去探查甘肃

---

① 张廷玉:《明史》卷148《杨荣传》,中华书局,1974年,第4138页。后文所引用《明史》皆为中华书局本,不再另行标注。

等前线军事基地的军情,杨荣每次都会将甘肃地区的山川地貌以及军事战备情况详细考察,仿佛就是朱棣的"千里眼"。有一次,杨荣回朝奏报,所奏内容令明成祖非常高兴,当时正是炎热的夏天,遂亲自切西瓜赐给杨荣,以表现其对杨荣的宠爱和视察边境工作的满意。杨荣也对皇帝心存感激,办事更加尽心尽力,在许多事情上为皇帝排忧解难。

故宫乾清宫

(乾清宫修建于永乐年间,而"正大光明"匾是清顺治帝所写)

明成祖为了从根本上解决北部的边患,下定决心迁都,然而,当时明朝的许多大臣自小生活在江南地区,不愿意离开家乡,加之他们在南京拥有很多朝臣固有的派系网络和人际关系,因此迁都到北京对这些大臣来说非常不利,不仅会改变他们的生活环境,还会改变他们的政治命运。但是,杨荣等人看到了迁都北京的好处。迁都北京不仅可以转移国家的政治中心,使得明成祖获得一个较为有利的环境,并且对于防御北方少数民族的入侵具有实际的作用,能够更好地巩固北方的边防,于是力主迁都。后来北京宫殿发生火灾,杨荣率士兵抢救出重要文书诏令,又力主重修北京宫殿,反对官员迁都南京的奏议。

明成祖去世之后,杨荣协助太子朱高炽平稳即位,避免了国家政局发生大动荡。明仁宗朱高炽为太子时,杨荣曾多次鼎力调护,故在仁宗朝颇受信赖,先后晋太常卿、太子少傅、谨身殿大学士、工部尚书,食三禄,受赐银章"绳愆纠缪",还担任太子朱瞻基的老师,从而与未来新君建立了联系。明仁宗在位不到一年便病逝,太子朱瞻基即位,是为明宣宗。然其皇位并不稳固,汉王朱高煦虽在永乐朝与洪熙朝谋夺皇位失败,但其野心仍在,见新帝登基,根基尚不稳固,遂发动叛乱。明宣宗得知消息后,一时感到非常慌张,不知所措。而群臣面对汉王谋反,在派人招抚与出兵平叛上争论不已。杨荣分析当时情形,认为此时与建文朝时情形差别甚大,汉王朱高煦有勇无谋,不能成就大事,力主明宣宗御驾亲征,以迅雷不及掩耳之势出兵平叛,夺得先机。最终在杨荣的劝说下,明宣宗决定御驾亲征。事情的发展也一如杨荣所预料,明宣宗率军围困乐安城,在没有发生直接军事冲突的情况下,汉王朱高煦出城投降,明宣宗赢得了胜利,巩固了他的皇位与国家政权。经过这次平乱,明宣宗更加信任杨荣,杨荣在朝堂中的地位和话语权也逐渐提高,在宣德朝初期甚至一度胜过杨士奇。明英宗即位后,杨荣同为顾命大臣,深受太皇太后张氏的信任,在朝局中发挥重要作用。正统五年(1440),杨荣卒,年七十,被赠太师,谥文敏,授世袭都指挥使。

三、"南杨"杨溥

三杨的最后一位主人翁是杨溥,因其家乡在湖广布政使司的石首(今湖北省石首市),位于南方,因此时人称其为"南杨"。依据陈循所撰墓志,杨溥家中没有为官者,但颇为重视读书。祖父杨政常常教导子孙读书明礼,要求他们"必思为善"。他的父亲杨文宪早年读书,后因家境转而经商,但未沾染商人之重利习气,为人正直诚信。杨溥曾师从教谕陈直方,他刻苦读书,究儒家经典著作之义理。乡贤沈宗海教谕称赞杨溥有王佐之才,而陈直方也如是认为,"溥公,辅器也"。建文元年,杨溥中湖广乡试解元,考官胡俨对其文章大加赞赏,说"初学小子,当退避三舍,老夫亦让一头地",又说"他日立玉阶方寸地,必能为董子之正言,而不效公孙弘之私曲"。① 足见杨溥品学兼优。次年,会试礼部中第二名,殿试为进士第六名,授翰林院编修。杨溥与杨荣为同年,但是在仕途轨迹上,二人有着天壤之别。

我们可以确定,杨溥不是最先投靠明成祖的建文朝遗臣,与解缙、杨士奇、杨荣等人相比,便缺少了先机。在三杨中,杨溥最被人称道的是他的品德,才能方面似乎没有特殊之处,因此也没有受到明成祖的特殊待遇。但因其本人学识渊博,品行端正,被明成祖任命为太子洗马,辅佐太子朱高炽,从而与太子朱高炽相识并建立了良好的关系。谁也没有想到,正当杨溥平静安然地生活之时,命运的考验突然降临到他的头上。这一切,来得那么猝不及防。

杨溥

(来源:《中国历代帝王名臣像真迹》)

在永乐初年,太子朱高炽的地位还没有稳固,明成祖偏爱汉王朱高煦,而皇帝的崇高权力,使太子这个未来的国君之位被激烈争夺。汉王、赵王皆试图夺取太子之位,并为此寻找各种机会构陷太子朱高炽。永乐十二年(1414),明成祖北征结束,班师回朝,下令文武百官到城门接驾,太子朱高炽一时疏忽,迎驾稍迟,汉王等趁机进言,罗织罪名,夸大其词,构陷太子。此次北征,明成祖在忽兰忽失温(今蒙古国乌兰巴托东南)击败瓦剌首领马哈木,追至土剌河(今蒙古国乌兰巴托西土拉河),马哈木逃遁。经过此役,瓦剌受到重创,此后多年不敢犯边,明成祖自认北征目的达到,可媲美历朝帝王,遂将此战役成果诏告天下。明成祖一生五次北征,自有其原因,但与其

---

① 焦竑:《玉堂丛语》卷5,中华书局,1981年,第152页。

相反,太子朱高炽并不热衷北征,甚至建议不征,这便与明成祖产生了分歧。这次明成祖北征时,太子朱高炽监国,变更了一些明成祖重典治国的政策,释放了一些被明成祖关押的官员。汉王此时的谗言令明成祖非常愤怒,下令将东宫僚属全部下狱治罪,借机打击东宫势力,苛察太子过失。至于他是否想借此更立太子,则甚难判断。此次入狱的东宫僚属中,杨士奇很快便被释放出狱,而杨溥、黄淮等人却被关押十年。

这场突如其来的牢狱之灾竟然长达十年,杨溥根本无法掌握自己的命运,似乎随时都会因为明成祖个人的喜怒而招致无妄之灾。杨溥的人生一时充满了黑暗,但是杨溥没有因此而灰心丧气,他依然对生活保持着希望。在长达十年的牢狱生活中,杨溥勤奋读书,从不间断,把经书史籍读了好几遍,不断地提升自己的修养,等待出狱的那一天。

永乐二十二年(1424),明成祖在北征的途中去世,杨溥的牢狱生活终于出现了一丝转机。太子朱高炽继承皇位,杨士奇向其奏言杨溥的遭遇,明仁宗想到杨溥是因为自己的缘故而遭受了牢狱之灾,不禁对杨溥怀有一些同情和愧疚之心。凭借之前与朱高炽良好的君臣关系以及自身渊博的学识和杰出的品行,杨溥被明仁宗下令释放出狱,随后授官翰林院学士,重新开始了他的仕途生涯。杨溥在明仁宗的赏识和提拔下,从弘文阁的掌事,做到太常卿,数月之间连升三职,足以体现出明仁宗对杨溥的器重。但杨溥虽然三受其职,却并未得到一个合适的位置,杨溥的才能和抱负也未能得到最大的发挥,这与明仁宗在位时间太短有关。杨溥真正走上朝廷重臣的位置,进入政治核心圈,是在明仁宗去世、明宣宗即位之后。

明宣宗即位以后,废止了原来的部分机构,将杨溥选入内阁,作为自己的心腹,但是杨溥此时又遭遇了人生的一件大事。宣德四年(1429),杨溥的母亲不幸去世,他悲痛万分,为了尽一份人子的责任与孝道,杨溥选择回家守孝。不久,明宣宗亲自下诏起用杨溥,入阁掌机务。宣德九年(1434),杨溥升任礼部尚书,兼翰林院学士,掌内阁如故。至明英宗时期,杨溥与杨士奇、杨荣等人为顾命大臣。正统三年(1438),杨溥晋少保、武英殿大学士。正统十一年(1446),杨溥去世,谥文定。

杨溥因人生的命运和仕途均较为曲折的缘故严于律己,为人处世相对谨慎,史载他上朝之时都是低头循墙前行,显得十分谦虚与老成稳重。

第二节　三杨的政治理念

明初统治者非常重视思想文化建设,终以儒家思想作为官方正统思想,并不断在社会上推行扩大儒家思想的影响力,如洪武二年(1369),明太祖下令科举考试试题以四书五经内容为主,明成祖又命人编修《五经四书》《性理大全》,作为科举考试的依据。于是,士人皆孜孜不倦地学习儒家经典著作。杨士奇、杨荣与杨溥三人自小便受到儒家文化的熏陶,在成长过程中,也积极阅读学习儒家经典著作,儒家传统的思想观念对他们影响至深。

三杨之所以能够形成一个较为稳固的政治联盟,与上文所说的品行、仕途轨迹有关,与他们有着相似的政治理念也有莫大的关系。本节结合三杨的政治行为、奏疏文章以阐述他们的政治理念。

一、君臣观念

君臣观,可谓是传统中国士人政治思想的一大核心概念,我们在讨论士大夫的政治思想时,绕不开君臣观。君与官构成了古代中国两大统治阶级,君更是成为国家的象征。早期儒家对臣道有较强的约束,认为臣子的职责在于"事君",也就是辅佐君王治国理政,但同时注重强调君臣关系是双向的。《论语·八佾》:"定公问:'君使臣、臣事君如之何?'孔子对曰:'君使臣以礼,臣事君以忠。'"孟子曾对齐宣王言道:"君之视臣如手足,则臣视君如腹心;君之视臣如犬马,则臣视君如国人;君之视臣如土芥,则臣视君如寇仇。"①但是以董仲舒为代表的儒家学者为获取皇权的支持,片面地强调君权神授,要求臣"事君以忠"。明太祖起自草野,在征战的过程中不断学习,也了解了儒家政治思想。由于其权力欲较大,又有自卑心理,片面强调臣道。他要求臣子完全忠于君主,"臣之事君,与君之事天,其道不相远矣",②认为"君臣之分,如天尊地卑,不可逾越"。③ 在读《孟子》的过程中,震怒于孟子的君臣观,明太祖下令将孟子移出孔庙,终因官员反对未成,但下令删减《孟子》一书。明太祖深知士人的重要

孔子画像砖

(摄于孔庙)

性,他们掌控着社会舆论,必须将其纳入统治范围内,为其所用。未称帝之前,为了壮大实力,昭显求贤若渴之心,明太祖对士人极尽礼数。即位后则不然。对于不为其所用之士人,明太祖采用残酷的惩罚措施。如夏伯启叔侄二人将左手大拇指砍去,以不出仕,不为明朝所用。明太祖得知后,认为"伯启心怀忿怒,将以为朕取天下非其道也",下令处以极刑,并籍其家。明太祖认为不应诏出仕的士人有异心,他指出"率土之滨,莫非王臣。寰中士大夫不为君用,是自外其教者,诛其身而没其家,不为之过"。明太祖要求臣下必须无条件服从君主,在他所理解的君臣关系中,完全看不到传统儒家所强调的以恩义为基础的君臣关系。春秋战国时期,百家争鸣,儒家只是众多流派中的一个。直至汉,董仲舒以现实政治为导向,改造儒家成为官方正统思想,但也强调"道",以道事君。我们可以看出王权政治需求与儒家政治理

---

① 孟子:《孟子·离娄章句下》,岳麓书社,2000 年,第 136 页。
② 《明太祖实录》卷 49,洪武三年二月庚午,台湾"中研院"历史语言所校印本,1962 年,第 967 页。后文凡是引用《明实录》皆为此版本,不重复标注。
③ 《明太祖实录》卷 110,洪武九年十月甲寅,第 1819 页。

念之间存在巨大差距。以宋濂、刘基、方孝孺为代表的儒家官员对明太祖的政治理念颇有不同看法,但无奈于现实政治环境,尤其是明太祖对不为己用的士人的残酷政策,导致他们不得不屈服于现实。明成祖通过靖难之役夺得皇位,为了赢得合法性,又清理了一批官员,尤以方孝孺为最,这使官员愈发谨小慎微,婉承帝意。杨士奇、杨荣与杨溥三人历经明初诸大事,对如何事君、如何为臣都有一定的论说体会。

宋濂　　　　　　　　　　　　　方孝孺

（来源：《中国历代帝王名臣像真迹》）　　（来源：《中国历代帝王名臣像真迹》）

儒家强调人伦,主张有五伦,即父子、君臣、夫妇、长幼、朋友。杨荣指出忠孝是士人恪守的信条,君臣关系则是五伦之首。他认为:"著名臣贤子之闻于天下后世哉,故必于忠孝胥尽而后可也。"①也就是说只有做到忠孝才可以名垂青史。杨溥以天地阴阳指代君臣关系,他说:"天尊地卑,其道有常。

---

① 杨荣：《文敏集》卷10《忠孝堂记》,景印文渊阁四库全书第1240册,第144页。后文所用《文敏集》内容皆为此版本,不再另行标注。

君,天道也;臣,地道也。"翻阅杨士奇、杨荣与杨溥三人的奏疏与文集,很多诗文都是歌颂帝王之圣德。当然这无可厚非,毕竟皇帝是他们功名利禄的决定者。古往今来,即使如包拯、海瑞这些以直声震天下的官员,他们在奏疏、诗文中皆有歌功颂德之语。

然杨士奇等人深受儒家思想熏陶,也深知民生疾苦、历代朝政之得失。他们婉承帝意,在保证不触怒皇帝的前提下,发表自己的政见,虽然这与那些以直声震天下的官员相比,显得有些圆滑,不为世人认同,从而遭受批判,但毕竟是无奈之举。杨士奇等人与永乐朝的纪纲、宪宗朝的"纸糊三阁老"、嘉靖朝的严嵩有明显的不同。杨士奇等人不是单纯的顺承,而是为了"得君行道"。而且单方面强调"事君以忠",便无法解释杨士奇等人为何不如方孝孺、景清般为建文帝殉节,或者逃亡不仕。杨士奇、杨荣与杨溥虽然认同忠君,但他们更在意君臣之间的互动,也就是君有君道,臣有臣道,只有二者处于一种和谐状态,才能发挥最大效力。杨士奇便认为:"君子谓臣之事君,先公后私,君之使臣先恩后义。"[①]也就是说,臣为君主办事,先公事后营私;君主使用臣,必定先给予恩德,然后冠之以道义,臣才会忠君。"大臣君子以身任天下之所为也",君子以天下为己任,不在乎一时之荣辱。杨士奇等人归附明成祖,德行固然有亏,但他们尽忠职守,为天下而辱一身。杨士奇应诏成为纂修官而步入仕途,杨荣与杨溥通过科举进入仕途可以说是建文帝的门生。建文帝在位时间较短,且三人年纪轻轻,资历较浅,名望实不能与方孝孺等人相比,也没有受到建文帝的特殊眷顾,在翰林院中担任低品级官职。如若没有明成祖的赏识,很难说杨士奇等人的仕途会有较大起色,即使有起色,也甚难位居一品。建文帝与杨士奇等人之间没有"恩",那么杨士奇等人自不可能抱有"忠义"之心。

忠君,也就是应怎样尽臣道呢?杨士奇认为应"本之为持身,上之为事

---

① 杨士奇:《东里文集》卷6《送礼部尚书兼大学士归省诗序》,第34页。

君,下之为治民,三者其要也。必端其在己,而勉与臣职,不使有所不尽,厚于民生,不使有所不足"①。杨荣则指出:"人臣于事君之道,知无不为,为必尽诸己者,忠也。心有所裁制而动适其宜者,义也。忠而或不由义,未必能发己而自尽忠且义焉,则其忠也大矣。古之君子知有其君而不知有其身,得失利害一不以动其中而惟其职之尽者,由其审于忠义之理有素也。"②杨溥则从设官立民的角度出发,"然囿天下于至治者,人君之心;辅人君以为治者,人臣之责。君有其心,臣又效其职焉,则至治之效不难致矣"③。君主要统治万民,创造太平盛世,那么官员必须尽全力辅佐君王。历朝历代帝王、仁人君子都在追求大同小康,以三代为目标,以尧舜禹为目标。臣道的责任便在于辅佐帝王创造盛世,辅佐帝王成为一代名君。杨溥《进士题名记》中指出:

> 臣谓儒道与世道相关。世道之泰,儒道之行也。越若唐、虞、夏、商、周,世升大顺,民乐雍熙,天地万物,各得其所。有尧、舜、禹、汤、文、武以儒道君之,而皋、夔、稷、契、伊、傅、周、召以儒道辅之。当时君臣嘉猷善政,载在方册,足为万世法程。及周之末世既云远,先王之教,日就湮微。于是天生孔子,删诗书,正礼乐,以儒道师天下后世,譬之规矩准绳,必由是而后为圆、为方、为平直也。三代而下有天下长久者,莫如汉、唐、宋。其间

《杨文定公诗集》封面

英明之君,贤智之士,相与协赞,维持有为于当时,可称于后世者,亦仿佛乎儒道者也。

---

① 杨士奇:《东里文集》卷2《石田茅屋记》,第12页。
② 杨荣:《文敏集》卷11《忠义堂序》,第157页。
③ 杨溥:《杨文定公诗文集》文集《乡试策》,胡永华校注,湖北人民出版社,2018年,第295页。后文所用《杨文定公诗文集》皆为此版,不另行标注。

杨士奇、杨荣与杨溥深受皇恩，但是由于与几任帝王的关系不尽相同，以及帝王品性的差异，他们在永乐、洪熙、宣德、正统四朝①所展现的臣道不尽相同。大致言之，在永乐朝，三人非常谨慎，小心翼翼；在洪熙、宣德两朝，是他们仕途最辉煌的时期，也是其臣道表露无遗阶段；正统朝，因年事已高，缺乏进取心，存有一定的避祸心理，对时弊无太多纠正作用。

翻阅杨士奇等人的传记以及相关资料，我们几乎看不到三人在永乐朝有强言直谏之场景，尤其杨荣既因军事才能而获得明成祖的赏识，又善于察言观色，"善承人主意旨，静而正之"②，故而当官员触怒明成祖获罪时，杨荣常常以微言进谏。即使在洪、宣两朝，杨士奇等人也很少直言强谏。虽然明仁宗、明宣宗赐予他们银章，可以密疏言事，或者当面指出弊政，而杨士奇等人也是分场合、分事情以进言。明宣宗曾向杨溥咨询为何官员"好进谀词"，希望杨溥直言进谏。杨溥则回答道："自古直言非难，而容受直言为难，陛下乐闻忠言如此，臣等不敢不尽心。"③杨士奇等人对仁宣时期弊政多有纠正，也曾当面指出二帝的一些不当举措，但更多的是先顺承，再商议。犹如杨荣所言："事君有体，进谏有方，以悻直取祸，吾不为也。"④故而他们能获得帝王的赏识，"恩遇亦始终无间"。杨士奇等人如何处理与皇帝、储君的关系从而"得君行道"，在后面的章节中将具体阐述。

二、治国理政

儒家主张"格物、致知、诚意、正心、修身、齐家、治国、平天下"，也就是"内圣外王"。欲治国，必先修身，治国与修身是统一体。杨士奇、杨荣与杨

---

① 杨士奇等三人虽然历仕建文、永乐、洪熙、宣德与正统五朝，但在建文朝时期基本上远离政治核心圈，查阅史书，几乎找不到他们有何政治表现。真正发挥政治才能、与帝王密切接触是从永乐朝开始，故而本书在叙述三杨的政治行为是以永乐、洪熙、宣德与正统四朝为主。
② 何乔远：《名山藏》卷58《臣林记》，江苏广陵古籍刻印社，1993年，第3334页。
③ 余继登：《典故纪闻》卷9，中华书局，1997年，第163-164页。
④ 张廷玉：《明史》卷148《杨荣传》，第4141页。

溥三人也深知此点,都极为重视自身品行的修养。杨士奇等人与其他的士人一样,都努力达成符合儒家要求的完美人格,成为君子。众所周知,言行并不是完全同步的。杨士奇三人既被时人称道不已,也曾被他人指责德行有亏,如谈迁认为杨士奇"荐士必出其门,不能奖恬抑竞。有攻己者,目为浮薄,必欲斥逐"①。但整体而言,永乐、洪熙、宣德时期的杨士奇、杨荣与杨溥三人,虽然在小节上有瑕疵,但在品行上足为一时之楷模;然至正统时期,由于王振的专横,杨士奇三人业已老迈,不得不与其展开某种程度的合作,对国事也无所建言。那么,杨士奇三人如何修身,如何治国理政呢?

杨士奇、杨荣与杨溥三人中,杨溥的政绩与他们相比,似乎微不足道,但其品行完胜前二人。史家评价"士奇有学行,荣有才识,溥有雅操"②。"雅操"二字足以表明一切。杨溥性格宽容淡泊,宠辱不惊,即使身处高位,对人也非常谦虚,廉洁自律。他在乞休奏疏中鲜明地表达出自己的人生价值观,"士君子揣分知足,明于进退,不敢贪禄固位,以存廉耻之心"。杨荣、杨士奇的生活较为富裕,尤其杨荣多次接受边将的馈赠,而杨溥却非常清贫。1993年,在湖北省石首市茅草街乡高陵岗村发现了杨溥墓。其墓葬"除了穿戴及随葬衣物外,无其他随葬品"③,足以证之。杨溥以身作则,也要求家人奉公守法,不借其名号以营私利。杨溥令儿子回家务农,并作《偶成示二儿》,其中言道:"菜根有味休嫌淡,茅屋无书可借观。朝夕旨甘勤养母,春秋租税早输官。归家若问居官事,做到双台彻底寒。"④也就是让其甘于平淡,安分守己。杨溥在《十嘱》《十戒》中充分表露了他的廉洁观:"为人忠厚要温良。阿谀处世声名浊,清白传家姓字香。……起家勤俭度年华。街头有酒宜知节,

---

① 谈迁:《国榷》卷26,英宗正统九年三月甲子,中华书局,1958年,第1662页。后文引用《国榷》,皆为中华书局版,不再另行标注。
② 张廷玉:《明史》卷148《杨溥传》,第4134页。
③ 荆州地区博物馆、石首市博物馆:《湖北石首市杨溥墓》,《江汉考古》1997年第3期。
④ 杨溥:《杨文定公诗集》卷5《偶成示二儿》,续修四库全书第1326册,第523页。

囊底余钱莫好奢。"杨溥的清廉足以让那些以权谋私、以贪污敛财为急务的官员惭愧不已。

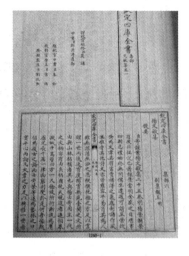

《杨文定公诗集》内页

《东里集》内页

杨士奇做事正直不阿,谦虚谨慎。他常对身边人说:"天下万世之事当以天下万世之心处之,如有一毫出于私意,不论厚薄,皆当获罪神明。"① 即使身居高位,杨士奇常怀居安思危之心,他在给别人的信中写道:"小弟居官食禄,今二十年,君恩之重,鲜与比伦,常夙夜自愧,才学浅陋,不能补报万分之一,惟有一心清慎,奉法循理,庶几少免忝之讥耳。"② 与杨溥一样,杨士奇严于律己,对他人则较为宽容大度,史载"有小过,尝为掩覆之"③。当然杨士奇也不是老好人,不是无条件地、无底线地宽容待人。杨士奇"与人交,直道不阿,必辅之善,有不善必戒之,不从,则远之,及其能改又欢然好也。所行或未当,人以为言,亦欣然纳之"④。杨士奇为人节俭,他身为重臣,备受明成

---

① 张萱:《西园闻见录》卷9《正大》,第8页。
② 杨士奇:《东里集·续集》卷51,《家书·奉思贻兄书》,第345页。
③ 张廷玉:《明史》卷148《杨士奇传》,第4136页。
④ 焦竑:《国朝献征录》卷12《东里先生小传》,第38页。

祖、明仁宗、明宣宗几位帝王的赏赐,加官晋爵。杨士奇不仅不自傲,反而十分清醒,"我何才德,可以当此。常人施一饭之恩,犹望报。今吾举家享天赐,何以报也?惟应勉力为善耳"①,并且多次上疏辞俸、庄田。杨士奇的节俭清廉并不是做做样子,而是长久为之。正统四年(1439),杨士奇奉旨回乡省墓,他仍然不改节俭的作风,"展墓所过,淡然不改布衣,时道途所遣仰送驱从,悉却不用,归乡谒守令避其正"②。回朝之时,所过州县地方官员为讨好杨士奇,大摆宴席,又馈赠金银物品,杨士奇一概回绝。

与杨溥、杨士奇有所不同,杨荣在修身方面有着较为系统的论说。传统儒家多强调人性本善,程朱理学把性善说发挥到极致,指出欲望导致人性受到侵蚀。杨荣也主张性本善,但由于私欲横生,才会衍生出"恶"。"人心妙虚灵,本体自澄澈。唯为私欲蔽,善恶由此别。所以古贤达,操存恒切切。如苗去稂莠,如稼去蟊贼。一朝复其初,方寸遂昭晰。"③若要恢复本心,则需要克服私欲。再者需要谦德自持,"达人尚谦德,德盛心愈卑。崇高不自居,骄矜竟奚为?君子安此道,处之不复疑"④。再次,要心存敬意。"吾闻古君子,主敬心不移。戒惧乎未睹,慎防乎自欺。所以造至德,俯仰无忸怩。"⑤

杨荣认为心存敬意则"格物致知、诚意正心以修厥身,推之以及乎齐家治国殆无难矣"。最后,杨荣指出君子要安贫乐道,在琴与书中寻找"至乐",在"乐"中追求与保持操守。自元朝以来,程朱理学受到统治者的支持,在当时可谓是主流思想。理学强调"存天理,灭人欲"。杨荣的观点显然受到程朱理学的影响。明初,绝大部分儒者都是秉持程朱理学之内涵,直至明中期王阳明心学的崛起,才逐渐打破程朱理学一元之局面。

---

① 焦竑:《国朝献征录》卷12《东里先生小传》,第38页。
② 张萱:《西园闻见录》卷14《谦抑》,第1534页。
③ 杨荣:《文敏集》卷2《题唯心斋》,第41页。
④ 杨荣:《文敏集》卷2《自牧斋》,第34页。
⑤ 杨荣:《文敏集》卷3《持敬斋为南昌经历周文远作》,第49页。

修身以至"内圣"后,儒家又主张积极实践,经世致用,实现"外王"。如何"外王",或者如何经世呢?孔子推行德政,"为政以德,譬如北辰,居其所而众星拱之"。儒家认为实施德政,会得到天下民众的爱戴欢迎,国家就会稳定太平。历代政治家也不断将德政由理念转换为政治措施。杨士奇、杨荣与杨溥三人都主张推行德政,杨溥便指出,"古昔盛时君臣图治,必推其德以为政于天下,使其政之所施,皆本乎德,良有以也"①。那么应如何推行德政以天下大治。杨士奇、杨荣与杨溥三人认为应分以下几个步骤。

第一步,便是修身,也就是上文所言先内圣。这里的内圣不是针对个人而言,而是从帝王至各个官员。每个人都应克服私欲,诚意修身,提高德行,做到洁身奉公,德位相配,才能一心推行德政,才能尽忠职守。每个人"修身",实现"内圣"只是第一步。每个人的品德提高了,人伦之义便可明了,便可以礼义兴,从而使人际秩序得以和谐稳定。杨士奇与杨溥曾为帝王师,他们利用这一身份,积极向储君灌输儒家思想。杨溥"以经训大义、诚意正心、修己治人之要为言",以及择取历代帝王事教导储君克己修德,以历代明君为模范效仿他们的所作所为。明仁宗为太子期间,曾沉湎于诗词,杨士奇为此规劝其不要沉迷于诗词,而应以阅读六经和两汉诏令为主,掌握明君的执政理念。明宣宗时,杨士奇指出,"帝王勤学问,则宗社生民有赖矣。惟愿陛下始终此心"②。明英宗以少年登基,杨士奇、杨荣与杨溥力促开经筵,希望通过经筵进行儒家德政教育。而这一切,在于他们认为"古昔盛时君臣图治,必推其德以为政于天下,使其政之所施,皆本乎德,良有以也"③。

第二步,便是推行具体的德政措施,进一步言之则是民本思想。明太祖起自草野,因为生计问题,投奔红巾军,故而深知民众之疾苦,以及他们的生活状态事关国家安定,在不同场合都强调民生,如"国以民为本,民以食为

---

① 杨溥:《杨文定公诗文集·乡试策》,第295页。
② 《明宣宗实录》卷115,宣德九年十二月壬戌,第4234页。
③ 杨溥:《杨文定公诗文集·乡试策》,第295页。

天,此有国家者所以厚民生而重民命也"。因此关注民生,是施政者必须考虑的事情,也是德政的一大核心。杨溥认为:"万民之得其所者,本乎人君。人君立政而万民以乐育。"①杨溥所言虽较为笼统,但体现了其爱民思想,也蕴含着辩证思想。统治者推行德政,民众才可以安身立命。假设统治者不推行德政,对民众采取压迫、剥削政策,便不会得到民众拥护,统治就不可能稳固。杨荣的理念与杨溥大致相同,相较而言,更为具象化。他指出:"牧民之道,贵于恺悌平易,优柔不迫,使之安于休养、乐于生遂。而无束缚驰骤之患,则民得其所矣。设若恣其志意任其性情,轻重之不审,缓急之不察,休戚利病漠然不经于其心,若是而欲民受其惠以相安于田里者,岂不戛戛乎其难哉!"②"牧民之道"也就是治理之术。杨荣认为统治者应宽厚待民,轻徭薄赋,爱民、惠民,使民众安乐。杨士奇也一贯主张推行惠民政策。永乐、洪熙、宣德时期,杨士奇起草了一些诏书,尤其是明仁宗与明宣宗的即位诏书皆是杨士奇所写,从中集中体现了其民本思想。在灾荒之年,杨士奇等人更为注重民生,推行救灾政策。

这些德政需要人来施行,杨士奇等人深知此点,不仅将儒家思想灌输给储君,竭力劝谏皇帝推行德政,更在意官员队伍的选拔。杨溥指出,"丕惟弼直之功,阜成之效,咸在得人"③。也就是指出人才对国家的重要性。杨士奇曾向明宣宗建议扩大荐举资格与范围,并严格程序。杨溥认为选拔人才应注重德才兼备,荐举者应"无间戚、疏、新、故,惟贤、不肖以为可否。其有益于国者甚要"④,不以此谋私。杨荣也认为,"贤才,致治之本也"⑤。在严格选拔官员的同时,杨荣更为注重人才的培养。他指出人才出自学校,建议当

---

① 杨溥:《杨文定公诗文集·乡试策》,第295页。
② 杨荣:《文敏集》卷12《送知县黄时懋赴东阳序》,第179页。
③ 杨溥:《杨文定公诗文集·进士题名记》,第212页。
④ 陈循:《少保礼部尚书兼武英殿大学士赠太师谥文定杨公墓志铭》,见《湖北石首市杨溥墓》,载《江汉考古》1997年第3期,第50-51页。
⑤ 杨荣:《文敏集》卷9《进士题名记》,第121页。

权者重视学校的建设,"学校,育材之地、风化之原,为国者之先务也"①。而学校应坚持以向国家输送人才为宗旨,应着重培养学生通晓圣贤之道与治国之术,以忠信孝悌、诗书礼义为教育内容,当然学校教师自身应品行俱佳,在儒家思想与治国之术上有一定的造诣,如此才能言传身教。②

  杨士奇、杨荣与杨溥三人都不是埋头苦读儒家经典而不闻时事,或者眼高手低之人。他们将自身从儒家经典著作中所领悟的精华,结合人生经历,积极践行。如杨士奇曾多次向明仁宗、明英宗建议减免岁例。三人具体的执政措施,后文再具体阐述。

---

① 杨荣:《文敏集》卷10《常熟县重修庙学记》,第142页。
② 庄书睿:《杨荣诗文研究》,福建师范大学2015年硕士学位论文,第39页。

第三节 互补的三杨

在任何一种社会、任何一种组织中,合作的效益往往大于单兵作战,每个人都有自身独特的能力,但是如果只自己埋头苦干,往往并不能发挥出最大的效益,如果与他人建立良好的合作关系,就能发挥出最大作用,取得最佳效果。杨士奇、杨荣与杨溥,三人各有所长也都有自己的缺陷和短板,只有形成良好的合作关系,成为一个牢不可破的联盟,才能够更好地发挥效能。史家对三杨之间的政治关系及其产生的效果有很好的定论,如郑晓指出:"西杨玉质金相,通达治体;东杨挥斥游刃,遇事立断;南杨安贞履节,调羹酿醴。参合成名,并称贤相。"①谈迁对三杨的政治表现如此评论道:"杨士奇以学,杨荣以才,溥以度,天下引领望治焉。"②也正是因为三人具有不同的才能与品行,才会形成一种合作关系,而不是尖锐的矛盾对立关系。

从仕宦经历来看,杨士奇、杨溥和杨荣几乎同时进入朝堂,即均在建文帝时期进入仕途,但没有进入政治核心圈;而后共同经历了靖难之变,燕王朱棣夺权,他们共同见证了永乐朝的繁荣;在仁宗和宣宗时期成为股肱之臣,辅佐皇帝,为明朝步入稳定和繁盛做出重要贡献;到英宗时,虽已年老体衰,却仍兢兢业业,与仁宗皇后张氏共同护卫大明朝。三人的人生轨迹各有特点,但有一点是一致的,即早年家境贫寒,锐意科举。从小到大的人生际遇塑造了他们不同的性格特点和处事方式,他们在步入仕途后又经历了各

---

① 周圣楷编纂,邓显鹤增辑:《楚宝》卷3《杨溥》,岳麓书社,2016年,第64页。
② 谈迁:《国榷》卷26,正统十一年七月庚辰,中华书局,1958年,第1703页。

自不同的起起落落,在为官辅佐皇帝治理国家的过程中,有着各自不同的行事风格和处事方式。相较而言,杨士奇最为温厚纯良,为人处世既能顾全大局,为天下百姓谋福祉,又能极尽人臣之道,为帝王考虑;杨荣果敢干练,在军机大事上显露才能,处理紧急事务上机智果断;杨溥为人谦卑谨慎,质朴平和,不与人争长论短,在三杨中常因其高雅节操为他人所叹服。三人不同的性格和独特的见解,在辅佐皇帝治国理政、进言献策的过程中,往往能针对不同的方向,提出最为适宜的建议,使皇帝能做出正确合理的决策,真正起到了辅政作用,无愧于明成祖设立内阁的初衷。

三杨虽入仕时间大体一致,但起初并没有真正形成一个团体。杨士奇的入仕经历较为坎坷,经历过数十载的颠簸岁月,对人生已然有了更为成熟的考量,在仕途上虽没有如杨荣一般在永乐朝就大放异彩,却也不像杨溥那样蒙冤入狱十余年。在永乐朝他是太子的辅助官僚,同时从事着为皇帝讲经读史的工作,虽也在政局中扮演一定的角色,但与杨荣跟随明成祖征伐塞外建功立业相比,并不是很耀眼。永乐朝,最受明成祖信任的似为杨荣。杨荣文武兼修,机敏果敢,也在永乐朝充分展现了他的军事才能,在三杨中最先进入明朝政治权力中心。永乐朝初年,一同入职文渊阁的七名人员当中,相比杨士奇等人而言,杨荣更加懂得察言观色、体会皇帝的意思和难处,因而更能"讨得"皇帝欢心。史书记载明成祖为人不苟言笑,和官员们讨论国家大事,每当无法决议时,脸色便阴晴不定,众大臣战战兢兢不知所措,而杨荣总能三言两语帮助明成祖下定决心,明成祖对其自然越发看重。杨溥则是三人中仕途最为坎坷的,被系狱十年,直至明宣宗时期才走入政治核心圈。

永乐二十二年(1424)七月十八日,明成祖在回师途中病逝于榆木川(今内蒙古多伦),随从宦官马云等人不知所措,杨荣与金幼孜等人密商后,决定密不发表,以避免军队混乱和朝廷发生变局,并由杨荣率先返回京师告知太子。在杨荣、杨士奇、蹇义、金幼孜等人的协助下,太子朱高炽顺利即位,颁布一系列诏令措施从而稳固朝政。也正是这一行为与明仁宗的即位,开启了三杨作为一个团体在明初政局发挥作用的时代。而后随着蹇义、夏原吉等老臣的去世,内阁中只有杨士奇、杨荣、杨溥三人,而他们的资历在外廷文武百官中又是最老的,政治经验也非常丰富,越发受到皇帝的倚重。

  三杨联盟的形成以及发挥作用,融洽的君臣关系,或者更为准确地说帝王对他们的倚重是不可缺少的因素。三人中杨荣与明成祖最为亲近,到了仁宗朝,杨士奇成为明仁宗最为亲近的人,杨溥则因为明仁宗为太子时的过失,饱受十年牢狱之灾而又为明仁宗所歉疚同情。杨士奇之所以成为明仁宗最为亲近的人,不仅在于帝师的身份,更在于杨士奇在作为太子属官,陪伴太子的过程中所展现的仁德宽厚的品质和突出的才能。对于这位老师,在长久的相处中,明仁宗愈发对其信任而尊重。杨士奇在洪熙朝迅速崛起成为内阁首辅第一人,不仅因其才智能力,也因其与明仁宗融洽的关系。明仁宗曾为使杨士奇在朝中不过多树敌,把他反对李庆所提出的地方官养马的建议搁置,等到陕西按察使陈智上书反对此事时才正式批准并驳回了李庆的建议,对其可谓是关怀有加。相似的性格在上下级中往往更能具有更多的共同语言,这在明成祖之于杨荣,明仁宗之于杨士奇,明宣宗之于杨荣、杨士奇中都有体现。

  仁宣之后,英宗九岁即位,无法亲政,朝政要务在太皇太后的支持下自然交给了杨士奇、杨荣与杨溥三人,太皇太后虽行使摄政之权,然具体军国大事皆仰仗三杨。历经四朝的三杨,虽皆老弱不堪,仍然坚守朝堂。正统初年,朝政清明,天下安乐,此间功劳大多得益于三杨辅政有方。

  三人中,杨士奇主内政建设,杨荣主边防事务,杨溥则肩负着维稳的职责。杨士奇、杨荣与杨溥三人真正做到了"在其位,谋其政",不论是在担任内阁首辅、处理国家政务之时,还是在担任帝王之师、对国家的统治者进行规训与劝谏之时,都运用自己的才能,尽臣子的本分,做到同内阁其他同僚们和谐共处,思想统一、信念一致,共同辅佐朝廷吏治,与洪武年间淮西、浙东两派争夺权力的局面大相径庭,更是天差地别于嘉靖、万历时期为抢夺内阁首辅之位而明争暗斗、相互排挤甚至大打出手、鱼死网破。三杨同居内阁、共典机务,为明初国家政治的良好发展,为"仁宣之治"的出现打下了良好的基础

随着三杨一一离世,明英宗亲政,宠信宦官王振,一手酿成土木之祸,大明朝自此走向衰落。当然这些都是后话,回首往昔,我们从历史中汲汲寻找国家民族乃至全人类的过往,探寻曾经的人与事,以古为镜、以古为师。

第二章
新机构的酝酿与发展

　　本书开篇提及杨士奇、杨荣与杨溥三人的崛起有两大契机,一是明太祖废相,二是靖难之役。本章便讲述明太祖废相的来龙去脉,废相后的明朝中央政务运作流程,以及由废相带来的困境和明初几任帝王的弥补措施。

第一节　新机构的诞生

明朝国家机构与此前汉唐宋诸朝有一个最大的不同,那就是废除了丞相制度,致使外朝没有了决策机构,没有了丞相,从根本上解决了皇权与相权的矛盾问题。那么,明太祖为何要废相,以及废相之后的利弊又是怎样的呢?

一、明太祖何以废相

1. 底层的崛起

对中国古代史有所了解的读者大概都清楚,明太祖朱元璋是中国古代帝王中得位"最正"者。他起自平民,通过自身的奋斗,成功建立明朝,成为开国之君。这也许应对了"王侯将相宁有种乎",但是在中国的历史上,再没有出现第二位平民皇帝。

恰是明太祖朱元璋登基之前的这些苦难的经历与挫折,带给他来自社会底层生活的真实体验,同时也为其理政意识的发展与积累提供了特殊的客观条件。明太祖朱元璋本名叫朱重八,因在家族中排名第八,故名之。明太祖朱元璋出生时,适逢元朝末年,政治腐败,官吏贪污之风盛行,加上淮河流域出现天灾人祸,民不聊生。在灾荒中,他的父母、长兄先后去世,唯留其一人在世间。也许是这段经历造就了其坚韧、猜忌、不信任任何人的心理,如其自言道:"众各为计,云水飘扬。……既非可倚,侣影相将"。大家各为自己的生计着想,也就无所谓互帮互助了。① 为了生存,他不得不前往皇觉寺剃度为僧。但是由于灾荒,民众已无法生存,很难有多余的钱粮向寺庙布施,皇觉寺没有了民众的施舍也很难维系,所以皇觉寺的主持决定让僧人自谋出路。朱元璋只得结束较为安定的生活,外出云游以谋生路。出去云游三年后,他又回到了皇觉寺。

明太祖晚年画像

(藏于台北"故宫博物院")

这时爆发了声势浩大的红巾军起义,而红巾军起义的核心地带就在安徽。朱元璋儿时的伙伴汤和参加了红巾军郭子兴部,因作战勇敢,屡立军功,被授职千户。后来他联系到了朱元璋,写信劝他参加红巾军,借此在乱世中赢得一条出路。经过深思熟虑,朱元璋决定投奔郭子兴率领的红巾军

---

① 朱元璋:《皇陵碑》,见张德信、毛佩琦主编:《洪武御制全书》卷16,黄山书社,1995年,第189-190页。

部。这次选择给朱元璋的人生带来了重大的转折,但他当时没有意料到此次选择会令他成为日后的九五之尊。

明太祖异形图

(来源:《中国历代帝王名臣像真迹》,河北美术出版社,1996年)①

参加红巾军,虽然承担失败的风险,但与朱元璋之前的生活经历相比,要好得多,甚至可以说使他龙入大海。在起义军中,朱元璋迅速成长起来,深得郭子兴赏识。郭子兴又将自己的养女马氏许配给朱元璋,并命其统率军队作战。在取得一系列的战功后,朱元璋的威望越来越高,并且得到了龙凤政权的认可。当郭子兴与其子先后战死后,朱元璋便成为这支部队的大元帅,有了属于自己的军事力量。军事上的成功,并没有使朱元璋骄傲自

---

① 明太祖传世画像较多,据研究表明,大致分为两类,圆脸像(正相)和长脸像(异相)两类。对其真实相貌,学界历来存在争议,可参阅胡丹:《相术、符号与传播——对"朱元璋相貌之谜"的考析与解读》,载《史学月刊》,2015年第8期;朱万章:《朱元璋画像再探》,载《文史知识》,2018年第10期。

满,他审时度势,反而更加谨小慎微,在狭缝中进一步壮大实力。朱元璋深知自身能力不足,非常信任自己的手下,并招揽文人学士。文人学士在当时的社会影响力是非常巨大的,很大程度上影响着一个人的声望。在乱世中,为了壮大实力,必须依靠文人学士。朱元璋听从谋士的意见,对他们以礼相待,史载朱元璋"独克己下人,旁求贤士,尊以宾礼,听受其言,昼夜忘倦"①,朱元璋也自言:"资人君子有能相从立功业者,吾礼用之。"②此举在元末群雄中甚为少见,正因为此,朱元璋得到了诸如宋濂、刘基、李善长等文人学士的支持。朱元璋也正因为有了文人学士的鼎力支持,从而能在元末群雄中脱颖而出。经过近二十年的南北征战,朱元璋实现了人生的逆袭,由社会底层一跃成为一国之主,而他的成功经验似难以复制,可谓是"前无古人后无来者"。

虽然朱元璋儿时没有受过正规的教育,但他在军旅生涯中成长为一名统帅后,开始注重提高自身文化水平,与文人儒士交流,常常与儒臣讨论治国问题,了解古今治乱,在讨论中,更加深知儒臣之重要。通过与儒士的交流,以及自身的努力,朱元璋的学识不断增长,自身文化水平也大幅度提高,更喜欢阅读《左传》《史记》《汉书》《唐书》等史书。朱元璋为明朝开国之君,他设计了明朝的规章制度,促使新的王朝在废墟中顺利成长。由他一手建立的明朝延续了近三百年,即使在晚明时期,帝王怠政,国家机关尚可以正常运转数十年。清朝皇帝对其评价甚高,如顺治帝认为:"历代贤君,莫如洪武。何也?数君德政,有善者,有未尽善者。

明孝陵"治隆唐宋碑"

---

① 解缙:《天潢玉牒》,中华书局,1985年,第23-24页。
② 《明太祖实录》卷4,丙申岁三月庚寅,第42页。

至洪武所定条理章程,规划周详,朕所以谓历代之君不及洪武也。"①康熙立碑"治隆唐宋",赞誉明太祖朱元璋,还说:"洪武乃英武伟烈之主,非寻常帝王可比"②,并多次亲自或者派人祭奠明太祖朱元璋。在某种程度而言,明太祖朱元璋是非常成功的,在古代中国所有帝王中,他不失为英主。但其为人诟病的便是他的权力欲,在永保朱氏天下这一动机的驱使下,大肆屠杀功臣,与宋太祖赵匡胤的"杯酒释兵权"迥然不同。

长陵神道守卫雕塑

明代修建的文武方门

(明朝修建的文武方门在太平天国运动中被毁,后清政府进行维修)

　　明太祖朱元璋登基后,身份发生了改变,与此前的同僚、朋友等等,变成了君臣关系,由平等转变成不对等的关系。结合自身经历以及遍览古今史书,明太祖朱元璋的君臣观、皇权思想也逐渐成形。在我国传统政治文化中,历代君主以及儒士都鼓吹尧舜之道,明太祖朱元璋也不例外,他仿效尧舜之君道。而在不断构建皇权政治的过程中,他将自己塑造成君师兼任的圣君。明太祖朱元璋不失为一代英主,他奠定了明代近三百年的各项制度,使动荡的中华大地重归有序。明太祖朱元璋在位三十一年,一直以尧舜之

---

① 《清世祖实录》卷71,顺治十年正月丙申,第567页。
② 《清圣祖实录》卷193,康熙三十八年四月庚戌,中华书局,1986年,第1042页。

道要求自己，相比其他帝王来说，明太祖非常勤政。此外，他还有明确的臣道观，并以此为基础，构建君臣关系，形成君臣一体之局面。朱元璋曾专门创作了《臣用章》，系统地阐释其对臣的认识与要求。朱元璋认为臣是君的助手，是君治理天下的得力干将；臣是为君主服务的，臣的权力来于君，君与臣是统一体，臣必须为君服务。以此而论，他认为在君臣关系中，臣是君实现自身目的的工具，君与臣不是平等的关系，臣必须对君负责，而君可不必对臣负责，也不可能约束君。[①]

明太祖朱元璋对自身的要求比较高，他认为自己都以身作则，禁私欲，那么身为臣，也必须禁私欲。然而他认为"愚顽殖民"禁私欲是很难的，必须辅之以外力，所以在某种程度上他推崇重典治国，这也是他屠杀官吏毫不手软的思想根源。他如此为之，也是为了维护自己的皇权，保障朱氏天下的长治久安。也许是出于极端的皇权心理，或许是年少经历让他看透世间冷暖，以及不法官吏欺压民众，明太祖对官员的管控极严，从他的臣道观来看，他也明确认为臣必须辅佐皇帝完成君的使命，以促成君主成为圣君。当明太祖认定该臣不是忠臣而是奸臣后，便会毫不手软地加以惩治。

经过十几年的奋战，明太祖朱元璋与他的合作者取得天下。他们支持朱元璋为皇帝，而自己也成为开国功臣。打天下的过程中，凶险异常，为了拉拢各方势力，"苟富贵，勿相忘"之类的承诺便发挥其效用，而一旦成功了，打天下的功臣势必要享受成功的喜悦与成果。史书多载历朝开国功臣的骄纵、排斥异己、结党营私，但他们忘记了这天下是他们打下的，但并不是他们的，而是皇帝的。明太祖朱元璋分封他们为侯为官，甚至是赐予免死铁券，但是在皇权面前，在国家稳定面前，这些不值得一提。明太祖朱元璋可以忍得一时，但不能一直纵容，他多次在谕旨中以及与臣的谈话中，透露让开国功臣们安分守己，享受荣华富贵即可的意思。但是开国功臣们的私欲不断

---

① 朱元璋：《资世通训·臣用章》，续修四库全书第935册，第264页。

膨胀,僭越法制礼制。那些将领拥兵自重,让明太祖朱元璋不得不担心,他要考虑自己皇位的安危。于是在各种内外因的刺激下,明太祖朱元璋开始清理开国功臣们。胡惟庸案前后株连三万多人,包括一公、十四侯;蓝玉案致死者一万多人,包括一公、十三侯、二伯。此外,明太祖朱元璋处死了自己的侄子朱文正、李文忠;周德兴因帷薄不修被杀;廖永忠因僭用龙凤被赐死。明太祖朱元璋共封了十二公、五十七侯、六伯,经胡蓝党狱以及其他形式的清洗,开国功臣基本退出明初政治舞台,诸如汤和等仅存之功臣也不再干预朝政。

除却对开国功臣进行清洗外,明太祖朱元璋还大力整顿官员队伍,严厉处罚贪污渎职的官员。洪武十五年(1382)的空印案与十八年(1385)的郭桓案更是使官署为之一空。两案与胡惟庸案、蓝玉案并称洪武朝四大案。还有始于洪武十八年的逮捕清理"积年民害官吏",一直持续到二十年(1387),历时近三年。

洪武朝的四大案,可以说是中国古代社会中比较令人震惊之事。明太祖朱元璋也因此被史家留下了肆杀的评价。限于篇幅,本书不一一叙述,因胡惟庸案与本书主旨密切相关,便着重阐述一番。

2. 皇权与相权

皇帝与丞相,皇权与相权,可以说是一组矛盾的政治组合。严格意义来说,相权是皇权的附庸,它为皇权服务,丞相辅佐皇帝治国理政。但是担任丞相之人由于权力过大,加之影响力较大,往往会招致皇帝的猜忌,继而获得悲惨结局。有文字记载,最早的丞相始于秦国,经过不断的发展演变,丞相成为外廷文官中品级最高之人,即百官之首,可以说是一人之下万人之上。一般来说,皇帝负责大政,庶政由丞相负责。秦朝与汉初,丞相的权力非常大,甚至可以否驳皇帝之旨意,以至于从汉武帝开始,不断想办法限制相权。宋唐时期实行群相制,以分散相权,但是群相制固然使相之间相互牵制,不至于出现一家独大之局面,但群相间的牵制容易变为推诿,实不利于处理政事,于是又由群相制成为独相或左右丞制。

明太祖朱元璋起事时与建国初期,各项国家制度基本上仿效元制,毕竟他与他的臣子们都长时间生活在元朝,对元朝的规章制度有一定程度的了解,他们也不可能跳出时代的限制。随着统治的稳定,以及心态的转变,明太祖朱元璋也要"与时俱进",也要考虑稳固自己的皇位,以及如何维系、处理好功臣集团与统治的矛盾。

洪武建国后,中书省、都督府与御史台并称三府,是国家机构的核心,史称"国家新立,惟三大府总天下之政。中书,政之本;都督府掌军旅,御史台纠察百司"[1]。三府之中,又以中书省为行政机关,是国家政务运转的中心,"国家之事,总之者中书,分理者六部,至为要职"[2]。"中书,法度之本,百司之所禀承。凡朝廷命令、政教,皆由斯出"[3]。中书省又是行政总汇,协调其他机构运转,对皇帝决策的执行起到了至关重要的作用。明太祖朱元璋在中枢设立三个机构,本意是分权,可以说是延续了隋唐以来分散丞相权力的惯例。但是从前引史料,我们可以发现三府之中,中书省的权力要远高于都督府与御史台。这与明太祖朱元璋个人高度集权的意愿似是背道而驰。

洪武初年,虽参照元朝制度,建立以中书省为核心的三府系统,但并非完全照搬元朝的中书省制。元朝以太子兼任中书令、枢密使,但明朝未仿照此种设置。明太祖朱元璋之所以如此设置,是为了避免在皇权外又形成一个以太子为核心的权力中心,从而威胁到皇权。但如此,中书省便没有了来自皇室的牵制,很容易擅权。然而明太祖朱元璋早年,制度未创,又疲于应对国家初建的各种问题,并没有立刻调整,但是其对中书省权力是颇为不满的。洪武三年(1370),明太祖朱元璋曾与群臣讨论元亡的原因,他认为群臣

---

[1] 《明太祖实录》卷26,吴元年十月壬子,第386页。
[2] 《明太祖实录》卷34,洪武元年八月丁丑,第660页。
[3] 《明太祖实录》卷38,洪武二年二月乙酉,第797页。

总结的原因"皆未得其要",究其根本是"不得隔越中书奏事",君主不能亲自处理庶政,从而导致大臣专权。为此他直接问道:"今创业之初,正当使下情通达于上,而犹欲效之,可乎?"①一言以蔽之,就是明太祖朱元璋认为元朝灭亡是由中书省制度所导致的。但是个人设想的制度建设很难超越自身所处时代的制约,明太祖朱元璋与他的谋臣们也无法直接变更或者废除中书省。唯一的办法便是不使丞相任职过久,在洪武十三年(1380)以前,明太祖朱元璋多次更换丞相,只有徐达长年在外领兵,没有实际行使职务,其余数人中,唯有李善长荣休、杨宪、汪广洋、胡惟庸等人皆不得善终,先后被处以极刑。

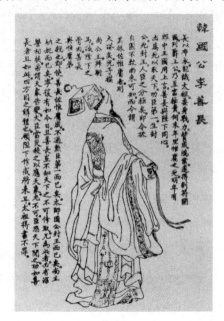

李善长

(来源:中国历代名人图像数据库,

http://diglweb.zjlib.cn:8081/zjtsg/mingren/cypicxl.jsp?channelid=91693&record=1800)

明太祖朱元璋与他的谋臣们为了减少地方叛乱的可能性,废除了推行

---

① 《明太祖实录》卷99,洪武三年十二月己巳,第1158页。

已久的行中书省,设立三司,分管地方的行政、司法、军事。这就在制度上限制了地方官员权力过大。三个机构各自独立,互不统属,对中央负责。但是这种体制却间接提高了相权。行中书省虽是中书省在地方所设机构,但实际上并不对中书省负责,而设三司后,相应事务最终却上报给中书省。这一趋势和明太祖朱元璋强烈的权力欲背道而驰。

  至于明太祖朱元璋是否必须废除中书省,或者说他是否有意废除,似很难定论。在洪武三年以前,明太祖朱元璋在各类诏书与谕旨中,多次强调中书省和丞相的重要性,并予以褒奖,尤以洪武二年(1369)的一次谕旨为最。其言中书省是国家法度之本,中书省官员是国家的股肱之臣,是良臣,并引用《尚书·说命》"股肱惟人,良臣惟圣",对中书省官员寄予厚望。国家朝廷的政策都出自中书省,作为中书省臣,定要为人正直,不能曲意逢迎。① 虽然意识到中书省的重要性,但明太祖对中书省并不满意。依据史料来看,明太祖朱元璋一步步地在缩小中书省的权力。从洪武九年(1376)起,明太祖开始变革中书省。首先是缩减机构。该年明太祖将中书省的左右丞相品级定为正一品,同时把中书平章、参政等职位取消。其次,洪武十年(1377),下令太师韩国公李善长、曹国公李文忠共议军国重事。凡中书省、都督府、御史台悉总之,议事允当,然后奏闻行之。② 第三,洪武十年,设立通政司,负责内外章奏、臣民建言,这就使奏疏绕过中书省可"实封直达御前",至洪武十一年(1378),明太祖朱元璋又令六部奏事"不得关白中书省",进一步削弱了中书省权力。但我们很难以此断定明太祖朱元璋废中书省(丞相)是蓄谋已久的,毕竟在这段时间内,中书省的作用还是非常重要的,胡惟庸的权力仍较大。但令人奇怪的是,当这些丞相失职,明太祖朱元璋并没有寻找其他原因,反而直接认为是中书省制度本身有问题。最终以胡惟庸谋反为由,废除

---

① 《明太祖实录》卷39,洪武二年二月己酉,第797页。
② 《明太祖实录》卷112,洪武十年五月庚子,第1858页。

了中书省。这样,施行千年之久的丞相制度就退出了历史舞台。

据史载,洪武二年,明太祖曾与刘基讨论丞相的人选问题。明太祖先后提及杨宪、汪广洋、胡惟庸,但都被刘基否决。这次讨论最终的局面怎么样不得而知,此事是否真实也有待商榷。我们可以知道的是,明太祖朱元璋陆续任命杨宪、汪广洋、胡惟庸三人为相,三人最终不得善终。史家对此甚是疑惑。刘基已把众人的缺点分析得十分明了,明太祖朱元璋为何还是任用他们呢?再者,经过长时间的接触,明太祖也应知道丞相位置的重要性,也应了解杨宪等三人的优缺点。于是又有以果推因,即按照明太祖最终废相这一结果来解释其举措。

明初官员群体主要有两大集团,一是淮右集团,一是浙东集团,其中又以淮右集团为主。两大集团处于明争暗斗,而明太祖也乐于见此局面,只要不影响施政,不影响其治理天下与统治地位即可。曾任右丞相的汪广洋之所以被贬斥,在于他不属淮右集团,也不属浙东集团。他很早就开始追随明太祖,也深为其信任。也许他知道明太祖任命他为丞相的原因是想削弱李善长对朝臣的影响,所以他在任期间,基本上没有去拜访请教李善长,但这给他带来了很大困扰。因为失去了李善长的支持,淮右集团基本上不遵从汪广洋的差遣,以致他在中书省无人可用,陷于孤立。再者汪广洋本身是文职,"谨厚自守",政治才干一般,在处理政务上颇为迟疑。在任期间,汪广洋也过于谨小慎微,几乎事事向明太祖禀报,起初明太祖也甚为高兴,因为如此则反映出汪广洋不是擅权之人。但是事无大小全部上报给明太祖,无疑加剧了明太祖的工作负担,久而久之,便会产生负面作用,最终明太祖认为汪广洋能力不足,尸位素餐,遂罢免之。但明太祖又顾念汪广洋对他的忠诚,时隔三年又召还,让他重新出任右丞相。但是此时的汪广洋错误地判断了形势,完全不理朝政,任由左丞相胡惟庸擅权,最终被明太祖处死。

胡惟庸在任期间的形势与杨宪、汪广洋完全不同,他本身是淮右集团的一分子。史称胡惟庸也谨小慎微,办事干练,甚至善于揣摩他人之思,尤其是懂得上级的意图。加上他是前任丞相李善长所推荐,又存在姻亲关系。故而他在任期间,工作开展得非常顺利。

胡惟庸的擅权,既可以说是中书省制度的必然结果,也是明太祖朱元璋宠信的结果。洪武三年,胡惟庸担任中书省参知政事。明太祖朱元璋罢免汪广洋后,在近半年的时间中,一直未任用丞相。六年(1373)七月,胡惟庸任右丞相;十年,胡惟庸任左丞相。明朝官位以左为尊,至此,胡惟庸可以说是外廷官员之首。目前所见明清史书,都强调胡惟庸专权用事,滥用职权。但是在当时的社会环境下,国家草创,势必要勇于任事。再者,明太祖朱元璋对胡惟庸起初也是甚为信任的。

胡惟庸已位极人臣,却行谋反这未知之事,确有冒险,所以胡惟庸是否谋反,学界争议较大。胡惟庸谋反被察觉乃至发现,是非常意外的。有同谋告发说,也有宦官救驾说。吴晗先生认为胡惟庸没有谋反。他指出:"胡惟庸事件正像一个在传说中的故事,时间越后,故事的范围便越扩大。……在时代较前的记载中,胡惟庸私通外夷的范围,仅限明代一代所视为大患的'南倭北虏'。稍后便加上一个三佛齐,随后又加上一个卜宠吉儿,最后又加上一个高丽。……东西南北诸夷,无不与胡惟庸之叛逆发生关系。"[①]吴晗先生分析的甚为妥当。胡惟庸谋反是假,但其权力过大似是一个不争的事实,"内外诸司封事入奏,惟庸先取视之。由是四方奔竞之徒,趋其门下,及诸武臣佞者,多附之……"[②]这点尤其触犯了明太祖朱元璋集权之心。胡惟庸应是皇权与相权之争的牺牲品,他的种种罪名直接带来了中枢机构的重大变革,他也被史书铭记。

明太祖下令逮捕胡惟庸,时中书省长官空缺,他并没有命人补齐,反而在逮捕胡惟庸的第二天,立即下令废除中书省,并说明自己废除的原因:

---

① 吴晗:《胡惟庸党案考》,商务印书馆,2015年,第156-158页。
② 《明太祖实录》卷129,洪武十三年正月甲午,第2043-2044页。

昔秦皇……朝廷设上、次二相，出纳君命，总理百僚。当是时，设法制度皆先圣先贤之道，为此设相。之后，臣张君之威福，乱自秦起，宰相权重，指鹿为马。自秦以下，人人君天下者，皆不鉴秦设相之患，相继而命之，往往病及于君国者。①

明太祖朱元璋还担心他的子嗣重新设立丞相，又于洪武二十八年（1395）六月，再次重申他废除中书省的原因，并以祖训形式迫使后世子孙、官员不得奏请重新设立中书省。

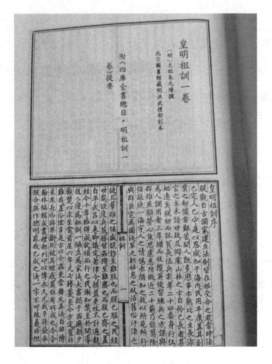

四库全书《皇明祖训》内页

自古三公论道，六卿分职，并不曾设立丞相。自秦始置丞相，不旋踵而亡。汉、唐、宋因之，虽有贤相，然其间所用者多有小人，专权乱政。今我朝

---

① 朱元璋：《明太祖文集》卷10《敕问文学之士》，景印文渊阁四库全书第1223册，第102页。

罢丞相,设五府、六部、都察院、通政司、大理寺等衙门,分理天下庶务。彼此颉颃不敢相压,事皆朝廷总之,所以稳当。以后子孙做皇帝时,并不许立丞相。臣下敢有奏请设立者,文武群臣即时劾奏,将犯人凌迟,全家处死!①

从这段谕旨,可以看出明太祖对丞相完全不信任,对丞相的设立缘由与功能也是不赞同的。这与他之前的观念颇为一致。中国古代推行孝治,也许是在孝与祖制的影响下,直至明亡,明朝再也没有出现中书省与丞相。即使后来的内阁被视为政本之地,阁臣被视为前朝之相,甚至是皇帝都称呼阁臣为相,也没有官员奏请复设,没有帝王重新设置相位。

二、"帝王不可无辅臣"

明太祖废除丞相,裁撤最高行政机构中书省,导致明廷中央机构以及政府运作流程发生了极大改变。中书省原本是外廷的决策加执行机构,丞相可直接处理庶政;六部、五府等只是执行机构,负责执行诏令谕旨。而明太祖将六部品级提升,六部尚书官秩由正三品提升为正二品。直接对皇帝负责,由皇帝统领六部,皇帝集君权和相权于一身。明太祖废除丞相后,一个棘手问题随之出现:即在皇帝与六部等执行机构之间,形成了权力真空,实际上使得外廷没有了决策机构,只有执行机构,不能定夺各种事务,必须由明太祖亲自定夺,方能交付六部执行。进一步说,皇帝不仅是国家首脑,也是政府首脑,故而各种事务,无论巨细,都要皇帝躬亲为之,否则朝政无法有效运转。由"朝廷总之",即由皇帝最终定夺,这种体制无疑对皇帝要求非常高,要求皇帝必须勤政、亲政,而且要具有较高的处理政务的能力与魄力。对一名圣明君主来说,亲政、勤政这基本的政治素质是十分必要的,但似乎很难长久地、持之以恒地践行,尤其是要治理一个幅员辽阔的国家。常常被史家推崇的唐太宗在位后期也出现了怠政情况。明太祖在古代历朝帝王

---

① 《明太祖实录》卷239,洪武二十八年六月己丑,第3478页。

中,是非常勤政的,事必躬亲,但一个人的精力与能力毕竟有限,就连他也很难吃得消。虽然大权独揽,但不能很好地处理政务,自身也疲于奔命,更不用提稳固统治了。据给事中张辅的统计,仅仅八天之内,明太祖朱元璋就收到一千六百六十六件公文,合计三千三百九十一件事,平均每天要看两百份文件,处理四百件事情。即使明太祖"星存而出,日入而休",仍无法处理好政务,这种情形势必会影响政府的行政效率。明太祖也不得不感慨:"朕代天理物,日总万机,岂能一一周遍?"继而认为如果这样持久下去,会无法处理好朝政;自己本身业已感到如此劳累,后世子孙若远不如自己,怠政荒政,那将如何是好?国家岂不危险?于是他承认"人主以一身统御天下,不可无辅臣"①。但他才废除中书省与丞相,不可能违背自己的意旨,于是他只能另立一个新的辅政机构。

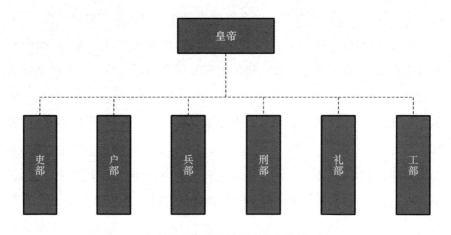

废相后皇帝直接统领六部示意图

深受传统政治文化思维影响的帝王与官员,都喜欢从前朝或者经典著作里寻找解决问题的方法,或者为自己的行为寻求合理合法的解释。明太祖与他的谋臣遍寻儒家经典以及前朝故事,经过一番查找,找到了似乎可以

---

① 《明太祖实录》卷133,洪武十三年九月戊申,第2115页。

解决他困苦的办法。

洪武十三年九月,废除中书省与丞相制度才半年,明太祖仿古制设立四辅官制。四辅官分为春、夏、秋、冬四官,位列公侯都督之次,秩正三品。《明史·安然传》记载,明太祖"隆以坐论之礼,命协赞政事均调四时"。揆诸史籍所载,四辅官的主要职责包括讲经治道、封驳刑法、荐举贤才等等。但是为防止出现诸如胡惟庸般权臣专政局面,明太祖给予四辅官的职权很少,远不及丞相,学者大多认为四辅官虽有辅臣之名,但其权限很小,仅以备顾问,无决策与执行权力。从洪武十三年九月至十五年(1382)七月,明太祖共任命九名四辅官,只有安然有行政经验,其余八人都是年长儒者,品德朴实,但无行政经验,除讲读儒家经典外,根本不可能向明太祖提供有益的咨政建议,对处理政务基本无所补益。四辅官名为春夏秋冬,但明太祖在设立时,为了贯彻分权、避免出现权臣的理念,只设立春夏辅官,没有专人担任秋冬辅官。明太祖的种种规制,使得四辅官没有成为权臣,更不用提专权。虽然四辅官的设置还有一层目的是辅佐明太祖理政,然而明太祖仍疲于处理政务。于是,明太祖最终废止四辅官制,该制度存在不满两年。四辅官制废除了,但明太祖仍需要辅佐其处理政务的机构,因其一人实在无法及时处理繁杂的政务。

距废除四辅官制不到四个月,即洪武十五年十一月,明太祖又仿照唐宋制度,设置殿阁大学士。大学士多从翰林院中选拔。据《明史·职官志》记载:"当是时,以翰林春坊详看诸司奏启,兼司平驳。大学士特侍左右,备顾问而已。"也就是说大学士的主要职责是为皇帝出谋划策,殿阁大学士是咨政秘书机构,不得参与国事,无事权。官阶也只有五品。设置这一机构的目的同样有二,一是辅佐明太祖执政,一是限制辅官权力。在实践运行中,殿阁大学士更像是文学侍从之官,明太祖曾多次与殿阁大学士讨论经史义理,而于咨政方面尚无实际性作用。当然此时殿阁大学士制度属于草创阶段,建制不完备,地位尚且不高,但在以后实际运行中,不断得到加强。至明太祖去世,一直设有殿阁大学士。从某种程度来说,殿阁大学士的设立为内阁的建立奠定了基础。毕竟在实践过程中,殿阁大学士只备顾问、讲谈经史义理是不可能满足皇帝的需求的。更何况在朝夕相处的过程,他们与帝王的关系日趋密切,随着关系的改变,帝王对他们的信任程度有所改变,会赐予一定的权力以便行事。而明太祖的后继者也是沿此路径调整殿阁大学士制度的。

建文帝朱允炆在位期间,大学士的辅政力度有所强化,史载建文帝"国家大政事辄咨之"。① 殿阁大学士职权的扩展,基于特定的机遇。殿阁大学士中最受建文帝宠信的是黄子澄。黄子澄洪武十八年(1385)进士,被授予翰林院编修一职,又因学识品行俱佳,任东宫太子伴读,从而与太子朱标、皇太孙朱允炆都建立了联系。太子朱标病逝后,明太祖册封朱允炆为皇太孙,黄子澄依旧为东宫属官。史载二人曾谈论削藩之事,黄子澄深知朱允炆的担忧,也主张实行削藩。朱允炆即位后,重用黄子澄,任命其为翰林院学士,常与之商议政事。在古代中国政治中,常常有因与皇帝关系密切,即使官职低微,也拥有较大权力的情况。以黄子澄为代表的殿阁大学士作为皇帝的亲信侍臣,不仅执行草拟皇帝诏诰檄文的任务,同时因为燕王朱棣发动靖难之役,促使建文帝赋予大学士以特权,从而使得大学士们可以与部院一同商议军国大事。

---

① 张廷玉:《明史》卷141《方孝孺传》,第4019页。

第二节 阁臣:皇帝的智囊团

燕王朱棣成功取得帝位后,开始组建忠诚于他的官员队伍,其中最为引人注目的,也与本书内容最为密切相关的便是设立内阁。史载明成祖先后任命"侍读解缙、编修黄淮、侍读胡广、修撰杨荣、编修杨士奇、检讨金幼孜、胡俨入直文渊阁,参与机务"①,具体职责是"掌献替可否,奉陈规诲,点检题奏,票拟批答,以平允庶政"②。明清史家一般认为"内阁"之名始于此。内阁之"内"是指地理位置,相对于其他衙门官府而言,内阁在皇宫里面,是距离皇帝最近的外廷部门。此项创举是以建文帝时的官制为基础,并日趋常态化。虽然只是咨政机构,但是其人员由于与明成祖朝夕相处,便格外受到明成祖的重用。第一批入选的官员都是建文朝遗臣中率先归附者,他们年龄大都在三十岁至四十岁,年富力强,而且在建文朝大多是低级官员。

明成祖设立内阁既是出于充分吸收明太祖与建文帝的经验教训,又是迫于现实环境。明太祖废除丞相,外廷没有了决策机构,其一人负责,实难承受;而建文帝赋予大学士一定的权力,分担自身的压力。此外,明成祖初登帝位,必须培养一批属于自己的心腹。当然此时的内阁制度尚处于草创阶段,一切还在摸索,尤其是还需要和丞相区分开来,不能公然违背祖制。

此时的大学士没有实权及切实职务,只是遵照皇帝的旨意办事。此时内阁的地位比较低,阁臣官秩仅五品,不能与尚书相比,亦无独立的办公场

---

① 张廷玉:《明史》卷5《成祖一》,第76页。
② 张廷玉:《明史》卷72《职官志》,第1732页。

明成祖

(来源:《中国历代帝王名臣像真迹》)

所。为避免出现权臣,对于内阁的种种限制当属必然,不过从其职责、名称等而言,内阁制已初具规模。

第一,有固定的阁臣在阁,且成员多是从翰林院中选拔,从而保证内阁及其成员的稳定性。

第二,职权日趋固定,已不再是明太祖时期的讲解经史,而是参与机务,虽然在很大程度上阁臣只是遵照皇帝的旨意办事,但从制度上给予阁臣参政议政提供了支撑。"(黄淮)召对称旨意,命与解缙常立御榻左,备顾问。或至夜分,帝就寝,犹赐坐榻前语,重务悉预闻。"[①]六部之事,他们也可以参与商讨。杨士奇指出,阁臣职责是"代言,属时更新,凡制诏命令诫敕之文日

---

① 张廷玉:《明史》卷147《黄淮传》,第4123页。

伏,而礼典庶政之议,及事之关机密者,咸属焉"①。从杨士奇的言语中可以看出阁臣所参政事务之广泛,而且与皇帝的关系较为密切。他们参与机密,对明成祖治国理政确实起到了很大的辅助作用,明成祖也给予了高度的肯定,其言:"代言之司,机密所系,且旦夕侍朕,裨益不在尚书下也。"②阁臣是非常辛苦的职位,杨士奇等人皆曾说他们是早出晚归,承担着巨大的压力。

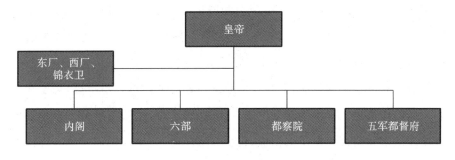

废相后的中央机构

明成祖为了不违背祖制和自己发动靖难的名义,以及加强皇权的考虑,对内阁的权力也做了制度上的约束和限制。

第一,内阁的品秩比较低,阁臣官品仅五品,不能与六部尚书相比,更不能与丞相相提并论。但是明成祖往往从其他方面突显内阁与阁臣的重要性。比如在朝廷之上,当着满朝官员,明成祖赐予阁臣金织文绮衣,而该衣服一般是赐给六部尚书等高品级官员的;又曾赐予阁臣二品纱罗衣。他还借助皇后的力量显示对阁臣的器重,即令皇后召见阁臣的夫人们。按制,低品级官员的夫人很难被皇后召见,但明成祖却让徐皇后召见阁臣的夫人。明成祖在品秩上给予阁臣低品级,但是通过这些方式以突显他们的重要性,提高他们在外廷官员体系中的政治地位。

第二,内阁无独立的办公场所,"不置官署","不得专制诸司",同时"诸

---

① 杨士奇:《御书阁颂》,见陈子龙等编:《明经世文编》卷15,中华书局,1962年,第117页。
② 张廷玉:《明史》卷147《解缙传》,第4120-4121页。

司奏事,亦不得相关白",以此限制内阁发展成为一个独立的、高于其他行政机构的组织,防范新的辅政机构演变为对君主集权颇具威胁的力量。这一制度性的规定,为后来帝王所继承和沿用。

内阁在永乐时期所形成的一些制度性规定,日后构成了明代内阁的基本内容,随着政治形势的发展变化,内阁权力与作用也在不断发展,但无论出现什么样的特殊情况,都没有否定和脱离永乐朝内阁的基本框架。虽然在永乐朝中期以后,内阁职权渐重,成为皇帝的最高幕僚,但是明成祖自操威柄,章疏直达御前,政令又多出于己手,其性格多疑,大权从未旁落。所以内阁虽然有了重大的发展,但其权力和地位始终未能进一步提高,阁臣在明初政局的作用也没有得到充分发挥。此时,杨士奇、杨荣与杨溥三人也还没有正式出现在明代中枢机关之中,直至仁宣之时,三杨才得以充分发挥阁臣的辅政职能。

如果说靖难之役与明成祖即位是三杨仕途轨迹发生变化的第一步,那么明仁宗与明宣宗相继即位,则是三杨主政、发挥作用的第二步。三杨执政对"仁宣之治"起到了重要的辅政作用,甚至说是最为重要的一环,但我们也不可能忽视明成祖之"功劳"。毕竟三杨在建文朝时期皆是低品级官员,一时似乎难有出头之路,也许是出于此,他们归附了明成祖。明成祖大权在握,乾纲独断,但也在不同情况下采纳群臣的建议,尤其是设立东宫府僚,三杨也由此皆与太子、皇太孙发生了关联。

对明成祖来说,杨士奇、杨荣与杨溥是依附者,换句话说,是建文朝遗臣中的归降者,由于明成祖对自身帝位来源的矛盾心理,他对文官集团并不完全放心,时时防备。而对明仁宗与明宣宗来说,他们早就与三杨认识,他们即位时统治根基已稳固,阁臣是治国理政之人才,而不是建文朝降臣,加上很早便接触,与其自有不同于明成祖的感情。

三杨中,杨士奇、杨荣被明成祖任命为内阁成员,在明初政局发挥影响力。而在明成祖时期,杨溥有长达十年的时间被关押在锦衣卫狱,明仁宗即位后,方得以出狱。明仁宗鉴于昔日辅导之情谊,特设弘文阁,命杨溥掌阁事,亲授阁印;明宣宗即位后,下令废除弘文阁,命杨溥入内阁,与杨士奇等人共参机务。三杨因为是老臣身份,又长时间担任东宫府僚,深得明仁宗与明宣宗的信任,故在仁宣政局中发挥了很大的作用。

历来认为仁宣时期是内阁制度的发展完善期,但内阁建制仍旧没有超出明太祖之祖训,只是在明成祖官制的基调上,另寻其他方式进行提高。明太祖时期,设置承敕监、司文监、考功监,专门职掌给授诰敕。内阁参与机务,诏册、制诰等皇帝文书皆由阁臣草拟,但誊写校正的工作仍由承敕监等机构的中书舍人负责,也就是内阁尚没有下属。明宣宗时期,内阁已经有了它的直属机构——制敕房和诰敕房。两房各设中书舍人若干人,官秩皆从七品,成为定制。明制,制敕房和诰敕房职掌之事非常广泛,从侧面也可反映出阁臣职权扩大,参与朝政事务。中书舍人的选拔,往往由阁臣选用,不经吏部铨选。

仁宣时期内阁还有一个重大变化,即阁臣地位的提高。明太祖曾设三公、三孤,后明成祖予以废止。明仁宗即位后,因杨士奇、杨荣等为东宫旧臣,重置三公、三孤。永乐二十二年(1424)九月,明仁宗晋蹇义少傅,加杨士奇少保并兼职如故,加杨荣太子少傅兼谨身殿大学士,加金幼孜太子少保兼武英殿大学士,加太子少傅大学士杨荣兼工部尚书三俸并支。在一个月之内,阁臣的品秩便升为从一品,从而确定了以后阁臣的品秩,从根本上改变了阁臣人微言轻的尴尬处境。品秩的提升意味着其政治地位的提升,在朝班中,可以与六部尚书并列,甚至是仅次于吏部尚书。

洪武时期的殿阁大学士只是备顾问;建文帝时期,由于特殊的时代背景,殿阁大学士可与部院一同商议军国大事;永乐时期,阁臣已参与机务,但限于明成祖之心态,并没有完全发挥作用;而在仁宣时期,则不然。明仁宗时期,阁臣大多兼任六部尚书,明仁宗先后任命杨荣为工部尚书、黄淮为户部尚书、杨士奇为兵部尚书、金幼孜为礼部尚书,最后入阁的杨溥也兼任礼部尚书。虽然他们不能任六部事,尚书只是一个荣衔罢了,但实际上通过加职,阁臣职掌之事日益增多,权力也悄然扩大。明仁宗曾对杨溥如是说:"朕用卿左右,非止学问。欲广知民事,为治道辅。有所建白,封识以进。"①阁臣也不甘心自己的职位只是虚职,他们凭借自身的资历与皇帝的关系,不断侵蚀六部官员的权力,从某种程度上来说,也正是这种非明文的规定,造成有明一代阁部关系的紧张态势。明仁宗曾命阁臣杨士奇、杨荣、金幼孜与三法司一同审问囚犯,又告诫他们:"自今审决重囚,卿三人同之,冤虽细必闻。"②遇到紧急事情需要处理,甚至会绕过六部,直接由内阁处理。洪熙元年(1425)四月,因山东及淮、徐等地发生灾害,明仁宗决定减免此几处夏税,未经户部商议此事,与大学士杨士奇商议后,便命其草诏,再交由户部执行。③明宣宗更为依赖内阁,军政大事都要与阁臣们商议,以至于史家如是总结:"宣宗内柄无大小,悉下大学士杨士奇等参可否。虽吏部蹇义、户部夏原吉时召见,得预各部事,然希阔不敌士奇等亲。"④

此外,仁宣时期,内阁获得票拟权,此项特权对内阁的发展至关重要。明制,臣民的奏疏皆由皇帝一人批阅,但鉴于所要处理的奏疏太多,明仁宗与明宣宗便命近侍之臣用小票墨书贴于章疏之上,再进呈皇帝,由皇帝阅览再行定夺。史载仁宣时期,阁臣与吏、户两部尚书都可票拟。史家一般认为阁臣具有票拟权,其职权便与丞相相同,如《明史》中说,大学士"纶言批答,裁决机宜,悉由票拟,阁权之重,俨然汉唐宰辅,特不居丞相名耳"⑤。但实际而言,阁臣与丞相的职权差别甚大。此时票拟制度尚属草创阶段,明仁宗与明宣宗虽赐予亲信大臣以票拟权,但总的来说,仍是亲自批阅奏疏。而且阁

---

① 张廷玉:《明史》卷148《杨溥传》,第4134页。
② 谈迁:《国榷》卷18,成祖永乐二十二年十月丁巳,第1228页。
③ 张廷玉:《明史》卷148《杨士奇传》,第4136页。
④ 张廷玉:《明史》卷72《职官志·序》,第1734页。
⑤ 张廷玉:《明史》卷109《宰辅年表·序》,第3305页。

臣的票拟也只是围绕皇帝发下的奏疏。再者宣德时期,就军政大事,明宣宗有时会直接召见六部尚书、阁臣进行面议,而不需要阁臣的批答票拟。阁臣的票拟是否生效,最终取决于皇帝。如果皇帝对票拟的阁臣十分信任,票拟内容又符合皇帝的处理意旨,就能批红下发,否则退回改票或留中不发;并且内阁在当时政局中必须具有相当的影响力,票拟之权方能产生良好的效力。丞相则由法律规定参与朝政,处理一些奏疏,他的处理意见直接就具有效力。

仁宣时期,阁臣还获得了上密疏的权力。永乐二十二年(1424)九月,明仁宗特赐杨士奇、蹇义、杨荣、金幼孜四人"绳愆纠缪"银章各一枚[①],足可见阁臣的政治地位。当然出现这种情况的根本原因在于他们陪伴明仁宗多年,深得皇帝宠信,故而使阁臣地位尊贵,而不是阁臣地位促使他们得到皇帝的宠信。

明英宗朱祁镇即位时,年仅九岁,无法亲自处理朝务。太皇太后张氏鉴于祖训,不能"垂帘听政",考虑到三杨等阁臣与先帝的特殊关系,于是便委政内阁。朝廷一切政务先经内阁商议,再由太皇太后张氏核实,最后交由部、院衙门执行。此外,明宣宗时,除阁臣外,吏部尚书等人也享有票拟权,但从此时开始,内阁独享票拟权。这一切标志着阁臣已全面参与朝政,不再局限于备顾问。此时明代中央政务运作形成了一个崭新的政务流程:所有奏章都由通政使司汇总,司礼监呈报给皇帝,再由司礼监交至内阁,由内阁负责草拟处理意见,再由司礼监把阁臣处理意见呈报皇上,由皇上最终裁定,再由司礼监转交给内阁,最后交由六科校对发下。尽管阁臣的票拟及其效力存在不确定性,但它的存在以及形式的确定,在某种程度上可以说是明代中枢决策机制的第二次调整(第一次是丞相的废除),此次调整可以说是对第一次调整的"反动"与回归。但是由于杨士奇、杨荣与杨溥三人年事已

---

① 谈迁:《国榷》卷18,成祖永乐二十二年九月戊戌,第1225页。

高,宦官王振崛起,导致三杨联盟以及阁臣的实际权力已逐渐降低。

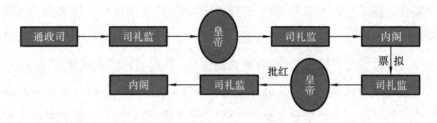

中央政务运作流程图

明太祖废除丞相是为了避免出现权臣干政、保证皇权,但事与愿违。废除丞相虽然在一定程度上加强了皇权,但政务运作流程的改变,使得皇帝理政压力增大,不利于皇帝治国理政,从而使得皇权得不到充分发挥。故而明太祖不断寻找新的辅政机构,随后几任帝王在此基础上继续探索,从四辅官至殿阁大学士,再至内阁。内阁的出现以及因现实需要而不断调整内阁的建制,极大地改善了皇权失去相权支持的被动局面。内阁阁臣本身品秩不高,但因其与皇帝的特殊关系,尤其是仁宣时期,阁臣与帝王的关系远非其他官员所能比拟,在这种特殊背景下,阁臣的品秩与权力不断扩展。杨士奇、杨荣、杨溥通过归附明成祖发迹,改变了自己的人生历程,又"以太子经师恩",深得明仁宗与明宣宗的宠信,从仅七品的翰林院编修成为一品的三公、三孤。他们凭借着与皇帝的特殊关系,使内阁的地位与权力迅速提高,促使内阁成为明朝中枢权力机构运作中不可缺少的一环,甚至可以说是无限接近中心的环节,在明代政局中处于举足轻重的地位。此时的内阁制度日趋完善,明仁宗与明宣宗又是英主,对他们皆相当尊重,虽然杨士奇、杨荣与杨溥三人没有达到嘉隆万时期夏言、严嵩、张居正那样的权势,被人视为"政本之地"前朝之相,但是他们与皇帝的关系,是其他阁臣无法比拟的。他们在拥有相当大的权力的情况下,还能深得帝王宠信,安然致仕,可以说少之又少。夏言被斩首于闹市之中。严嵩晚年遭罢职,被没收家产,以至于无家可归,只得寄食于墓舍;去世时,竟无棺木下葬。张居正是明代文官中唯一生前被授予太傅、太师之人,但其死后不久,明神宗的态度发生转变,下令抄家,削尽官秩,追夺所赐玺书与四代诰命,并让人罗列张居正的罪状公示天下;甚至曾命人开棺鞭尸,因为群臣谏阻,让张居正保有了最后一丝尊严。与他们相比,杨士奇、杨荣与杨溥三人生前身后都享有令名。

张居正半身像

(来源:中国历代名人图像数据库)

第三章
旧朝与新朝

　　杨士奇、杨荣与杨溥三人在明初政坛崛起的另一契机便是靖难之役。靖难之役的爆发源于明太祖分封诸子之时，没有考虑清楚此制的弊端。虽然在实行的过程中，明太祖发现了诸王的一些不当行为，他通过敕谕等方式进行惩戒，但是他没有想到，他本意是为了保卫朱氏天下的分封制会带来明代宗室的内部分裂。本章主要讲述明太祖的宗藩制度为什么会导致"叛乱"；燕王朱棣通过靖难之役成功当上皇帝，面对这一局面，建文朝遗臣如何选择；本书的主人公杨士奇、杨荣与杨溥三人又是如何应对的。

第一节　变异的宗藩制度

　　古代中国先后有四个朝代推行封建制,周朝、西汉、西晋与明朝。此"封建制"是指分封制,皇帝将土地分封给宗室子弟。虽名同,但在具体的操作过程中有一些差别。综观历史,分封的诸侯很大可能最终演变为分裂或者叛乱分子,诸如西汉的七国之乱与西晋的八王之乱。明太祖推行分封制时,应已知晓此制度的利与弊。在综合考虑下,明太祖决定实行分封制,并要求继任之帝王也继承祖训,沿用分封制。有明一代,宗室对明朝社会影响极大。作为天潢贵胄的宗室,他们中的大部分不仅没有享受到应有的待遇,反而始终处于风口浪尖,成为舆论批判指责的对象,最终在帝王与官员的推动下,明代宗室陷入了无法摆脱的困境。

　　明人戚元佐认为:"夫高皇帝草昧之初利建宗子,文皇靖难之日思鉴前车,用意不同,各有攸当。"[①]他的论断极为精妙。

　　作为明朝开国之君,明太祖面临众多难题,其中当务之急便是建立一种可以保障朱氏天下长治久安的制度。通过对历代典故的考查,明太祖认为推行封建制度是周、汉两朝长治久安的根本之因,便仿效周汉,施行封建制。故而在明太祖意识中,宗室们已不仅仅是他的子孙,也是一种统治工具,一种可以保证朱氏嫡系血脉"外卫边陲,内资夹辅"[②]统治天下的工具。出于此

[①] 戚元佐:《议处宗藩事宜疏》,贾三近:《皇明两朝疏钞》卷3,续修四库全书第465册,第119页。

[②] 夏燮:《明通鉴》卷3,太祖洪武三年四月,中华书局,2017年,第248页。

种目的，明太祖给予诸侯王较大的军事权力，每个王府护卫共有三卫，少则三千人，多者可达一万九千余人，有着雄厚的军事实力；塞王还可节制、指挥武将和军队。除此之外，明太祖有意识地让他们跟随一些武将练兵、随军出征，尽可能地提高他们的军事能力。燕王朱棣、晋王朱㭎、齐王朱榑、宁王朱权等几位宗室亲王曾多次领兵抵抗蒙古势力的侵扰，在军队武将中有一定的威望。明太祖在位期间，诸宗室亲王已有一些不法行为，因明太祖是宗室亲王的父亲，又是皇帝，故而对他们还有一定的威慑力，明太祖朱元璋多次强调他们相对于皇帝的臣子身份，又亲自编订《祖训录》《皇明祖训录》《御制纪非录》等书，要求他们遵纪守法。这些措施也注定了宗室亲王的地位低于太子，但没有从根本上杜绝他们的不法行为，甚至还使得宗室诸王颇有怨言。明太祖对太子朱标寄予厚望，挑选名臣进行辅导，又命其理政，积累执政经验。太子朱标在宗室与朝臣中有一定的声望，但其早逝，也打乱了明太祖的部署。明太祖援引嫡长子继承制，册立朱标之子朱允炆为皇太孙。朱允炆自幼喜欢儒家思想，为人平和，但年幼，亦无多少行政经验。与之相比，他的叔叔们也就是宗室亲王具有雄厚的实力和资本。然而明太祖没有注意到这种情况，也许是没有意识到宗室诸王会出现尾大不掉，乃至反抗中央的现象。且明太祖认为朱允炆性格文弱，无法掌控功臣武将，遂以蓝玉案为契机，大肆屠杀武将，以至于明初功臣集团中善于作战者所剩无几，没有给皇太孙朱允炆留下足够多的强将。

建文帝还未即位时，便对"强横"的诸王有所戒备。洪武三十一年（1398），朱允炆即位，是为建文帝。他有感于自身权威的弱小，面对叔父们的骄横与强大，忧虑重重。朱允炆尚为皇太孙时，便已担忧宗室亲王权势过大可能会给其日后的统治带来隐患，他与自己的谋臣齐泰、黄子澄产生了削藩之想法，但因明太祖尚在世，不得推行。即位后，建文帝立即与齐泰、黄子澄等人推行削藩政策，开始变革宗藩制度以维护自己的统治。然而建文帝与他的谋臣错误估计了形势，没有采纳高巍等人提出的类似于汉代推恩令之举措,步步为营。建文帝的态度很强硬,齐王、周王、楚王、湘王等藩王相继或被关押,或被削减护卫,但是在对待燕王朱棣时,手段却不够狠辣。建文帝下令废除不法宗室亲王的爵位,下令他们不得节制文武官员、不得与地方官员交接等,这些措施虽也收到一些效果,但并不理想,反而激得燕王朱棣反叛。建文帝削藩的目的在于保证皇权不受威胁,但因策略不当以及没有多少可任用的武将,反而导致其丢失了皇位。燕王以"靖难"为名义,直捣南京,最终成为皇帝,宣告了建文帝朱允炆变革宗藩制度努力的失败。靖难之役的过程,史书记载颇详,学界关注也比较多,从多个方面论证明成祖成功的原因,建文帝与燕王朱棣二人实力的消长,这里不再多述。

明太祖实行分封制的本意是维护朱氏统治,但是宗藩制度并没有按照他的设想发展,而是走向了另一个极端,成为国家秩序的对抗者与破坏者,这也许也是宗藩制度的一个必然结局。但与前朝相反的是,地方宗王叛乱竟然取得成功,燕王朱棣登基。此后的宗室也有叛乱者,却始终没有成功,此与宗藩制度的变革有较大的关系。

每位帝王在分封时皆有自己的用意,然被分封的宗室也有自己的期望。除去宗藩头衔,宗室们也只是普通人,有着自身的追求和欲望,如对政治地位的期待与追求。对明代众多宗室来说,能够吸引他们的政治地位主要包括皇位与爵位。虽然明太祖朱元璋赐予所有宗室子弟爵位,但亲王、郡王为数并不多,而王府人数却是无限的,如史载庆成王有一百多个儿子,但只能有一人袭郡王爵,可谓僧多粥少。亲王与郡王,郡王与将军,不同爵位之间的差别是非常大的。燕王朱棣因相士的言语而沾沾自喜,趁建文帝削藩之际,以祖训为旗帜,在诸藩王受困之时,率靖难兵起事,最终攻进了南京城。这也是中国古代唯一一次由地方藩王反抗中央成功的事例。在明太祖众多的儿子当中,除却太子,恐怕不止燕王一人有称帝之意。明人陈子龙便认为:"诸王皆亲高帝子,或从帝定天下,无不有帝制心。"①

　　明成祖即位之初,鉴于其自身是由藩王承继大统,且方式亦为人所不齿,又恐其他亲王仿效自己,他对自己的兄弟们并不放心,于是继续推行削藩之策,不过他的政治手腕要比建文帝朱允炆高明。明成祖先以怀柔政策稳住宗室亲王,下令释放被建文帝关押的亲王,恢复他们的爵位、护卫,又经常召他们入朝,遍赐周王、楚王、齐王、蜀王等亲王黄金百两、白金千两、彩币四十匹。② 表面上明成祖不断给予宗室诸王较高待遇,实际上却是在削弱他们的权力。尤其当形势稳定后,明成祖开始按照自己的意愿变革宗藩制度。或许是在他的授意下,或许是好事官员揣测明成祖的心理,臣民先后上告宗室诸王有不法行为,各宗室亲王为表忠心,纷纷上疏辩解,交还护卫、放弃一些权力,明成祖便顺水推舟,削弱宗室亲王的权力。永乐元年(1403)、四年(1406)、六年(1408),明成祖先后下令革除代王、齐王、岷王的护卫与官属;又将握有兵权的宁王与辽王迁徙他处,以割断他们与地方的联系。在明成祖的不断蚕食下,周王、楚王、蜀王等亲王"主动"奏请撤销藩府护卫。但是对自己兄弟也就是宗室亲王的不信任和担忧,没有促使明成祖废除宗藩制度。他为了保障自己的统治,封自己的两个儿子为汉王、赵王,并赐予他们较大的权力,命汉王朱高煦备边北平③;赵王朱高燧居北京,拥有处理军政之权,"政务皆启王而后行"④。

---

① 谈迁:《国榷》卷4,太祖洪武三年四月,第411-412页。
② 《明太宗实录》卷10下,洪武三十五年七月乙巳,第169-170页。
③ 张廷玉:《明史》卷118《汉王高煦传》,第3616页。
④ 张廷玉:《明史》卷118《赵王高燧传》,第3620页。

第二节　新朝的政治构成

明成祖是中国历史上第一个也是唯一一个由地方叛乱取得成功、登大位的宗室王。一朝天子一朝臣。燕王朱棣由藩王变成皇帝，虽然没有改朝换代，但对整个政局影响非常巨大。当成为皇帝后，明成祖要考虑如何安排燕王府的旧臣，以及如何对待建文朝遗臣，如何建立属于自己的一套行政班子，如何稳固自身统治。为此他大肆犒赏分封从龙之臣，重任归附者，拉拢建文朝遗臣，打压那些忠诚于建文帝的朝臣。在这一系列的政治活动下，永乐朝形成了新的政治局面，本书的主人公杨士奇、杨荣与杨溥三人选择归附明成祖，凭借自身才能，他们的仕途也因此而"平步青云"。

一、从龙之臣的发迹

明太祖后期，调整了宗藩制度，加大了他们的军事权力。明成祖长年驻扎北京，抵抗北元势力，其藩王府内也大多是军事将领。北京城内的官员还是接受朝廷任命的，因此整体而言，朱棣的势力要比建文帝弱小得多。他所依靠的核心力量也就是藩王府的府兵。明成祖也深知自己的行动虽有合法名义，但实际上就是谋反，成功与否尚不可知，所以为了激励自己的将士，他承诺，只要成功了，便论功行赏。这也是自古以来起事者惯用的方式，虽然简单粗暴，但确实起到了不少的作用。不管最终是否"飞鸟尽良弓藏"，在成功之初，帝王都是要封赏的。

史载，明成祖一共两次分封从龙者。一是在洪武三十五年（1402，注：即建文四年，明成祖将建文帝年号革除，其统治四年，年号并入洪武时期）九月,二是在永乐元年(1403)五月,于永乐三年(1405),又将原本封为信安伯的张辅晋封为新城侯。两次分封,共封有两公、十六侯、十七伯。这次分封的爵位可以子孙世袭,造就了一批新兴的军事贵族,也成为永乐朝政权重要的军事力量。这批武将或就职于五府,掌管着新朝的军事命脉;或在地方任职,担任镇守总兵官。但是为人所不安的,也可能是明成祖也感到头痛的问题,他的核心集团缺少足够的文人官僚群体。犹如毛佩琦先生之论断:"这场战争是以朱棣和亲王军人集团为一方,他们极力维护祖制,以朱允炆和文臣集团为一方,他们要推行新政。"[①]当然毛佩琦先生只是就大势所言,并不是说燕王朱棣身边就真的没有文臣,建文帝就没有武将,只是没有足够数量的优秀武将。

明成祖主要有三个谋臣,即姚广孝、袁珙、金忠。一般认为姚广孝是促使明成祖最终决定谋反的关键性人物,此处还有一个著名的故事,即他劝谏明成祖成功后,不要杀方孝孺,否则天下的读书种子就绝了。姚广孝不仅自己帮助明成祖出谋划策,还积极推荐人才,袁珙与金忠便是他推荐给明成祖的。二人可以说都是奇人异士,虽然以现在的视角来看,占卜相人术都是虚假的,在当时却深受推崇。二人都认为时为燕王的朱棣有帝王之气,在士气与精神上给予燕王朱棣以及他的追随者以极大鼓励。明成祖即位后,任命袁珙为太常寺丞,任命金忠为兵部尚书。明成祖起兵前后归附的文人还有郭资、吕震、吴中三人,他们的事迹史书记述得不多,不过在明成祖朱棣起兵过程中,也起到了一定的作用,先后被明成祖授职户部尚书、刑部尚书、右都御史。然而从这也可以看出明成祖身边确实缺少文士;即位后,更缺少文职人员,于是他不得不另寻出路。

在明成祖身边还有一个不可忽略的群体,即宦官。宦官由来已久,其很大程度上是皇权的衍生物。虽为皇权服务,附庸于皇权,但是由于种种原

---

① 毛佩琦:《永乐皇帝大传》,辽宁教育出版社,1994年,第251页。

因,比如皇帝怠政、过度依赖宦官,便会导致宦官擅权,干预朝政,甚至操纵皇帝废立,在汉唐两朝尤为严重,诸如唐宪宗、唐敬宗等几位帝王皆为宦官所杀。原本皇帝设立宦官,赐予其一定的权力,是为了他们更好地服务于己,却没想到自身反受其害。明太祖立国后,也设立宦官,但同时以前代宦官祸国乱政为鉴戒,他曾言:"吾见史传所书汉、唐末世,皆为宦官败蠢,未尝不为之惋叹。"因此明太祖对宦官的权力做出了种种限制,以避免出现宦官干政的情形。明太祖规定宦官不得兼任外臣武衔,其官阶不得超过四品,不准读书识字,政府各部门不得与宦官公文往来等,从而使宦官无法涉足外廷职务。明太祖又制作了一个匾额悬挂在宫门之上,上书"内臣不得干预政事,预者斩"。然其虽对宦官诸多限制,但在执政中后期,宦官已可参与政事,如去边疆从事对明代国防至关紧要的茶马贸易,被派为特使参与国内和国外一些重大的政治活动。宦官人数大增,其建制也不断完善,而且宦官秉承皇帝旨意参与政事,外廷官员不得管制,也就是说外廷机构无法和宦官衙门相抗衡。这些问题都清楚地表明,打破明太祖禁令的不是别人,正是他自己。

建文帝即位后,在对宦官的管控上沿袭其祖父的方针,甚至有所强化。建文帝对宦官管控甚严,宦官稍有不法,便将其发至刑部、大理寺等司法机构审问,以至于一些宦官心生不满。最终在靖难之役中,部分宦官选择投靠燕王朱棣,向燕王朱棣报告朝廷守卫的虚实情况,直言南京城周边守卫不足,促使燕王改变策略,放弃在济南与建文帝军队相对峙的局面,直接进攻南京,最终一举推翻建文朝。除却建文帝内侍投靠外,燕王朱棣自己也拥有一批心腹宦官。他们有的追随燕王朱棣靖难,甚至领兵作战,立下功劳,其中最著者便是狗儿、郑和。但他们囿于自己的身份,无法像武臣和谋士们那样直接拜官封爵,只能在皇宫中任职,不过都被明成祖授为太监,而太监是明朝宦官制度体系中品级最高者。因明成祖对建文朝遗臣的不信任,只得重用宦官,令他们监视朝臣。永乐十八年(1420),明成祖置东厂,命令宦官管理,设置此机构的主要目的便是刺探臣民隐事,这就为宦官的特务活动开了方便之门,也使得宦官可以合法地参与司法。明成祖还逐渐打破明太祖的规制,宦官监军、出使已成为常态。永乐三年(1405),太监郑和率领庞大的船队下西洋,永乐八年(1410)开始了宦官监军,设立京军三大营,规定:三千营设提督内臣二人,五军营设提督内臣一人,神机营设中军坐营内臣一人;宦官马靖镇守甘肃,从而为宦官分镇地方开了先例。明成祖重用宦官的种种行为都表明他对自己皇位合法性的不自信。他不信任外廷官员,只有依靠宦官为自己时时监视大臣,才能安心坐拥天下。宦官越来越受到重用。但是由于明成祖自操权柄,宦官尚未形成干政现象。

郑和航海图

(原图载于明人茅元仪编撰的《武备志》,为便于刻板,茅元仪令工匠把长卷式原图改成书本式,最终原图遗失。本图源自向达整理:《郑和航海图》,中华书局,1961年)

二、建文朝遗臣的分裂

一朝天子一朝臣。改朝换代之际,势必会导致新朝新君新人对旧朝中人的清洗,官员群体发生极大的变动。由靖难之役带来的改朝换代,虽然只是在朱氏家族内部,但也打破了常规。家族、臣子叛逆皇帝,是明显的大逆不道。有的人赞赏方孝孺的忠,也有人认为他是愚忠,我们不在一个时代环境中,也许无法体会他的气节。

燕王朱棣称帝的班底皆来源于其王府,多是武将。当他攻克南京城,夺得帝位时,其身份发生转变,变为国家的最高统治者,管理偌大的明朝,他势必要转换思维。但是明成祖似乎走向了一个极端。明成祖没有顾虑青史之名,对不合作者一律采取残酷打压屠杀的方式,因此史家多用"壬午殉难"称呼明成祖对建文朝遗臣的清洗。永乐朝对官员队伍清洗的规模和程度,在明朝的历史上仅次于洪武朝,但出发点不同,对后世的影响也不同。

也许燕王朱棣起初认为朝臣会承认既定现实,毕竟他也是明太祖的儿子、建文帝的叔叔;又是以"清君侧"这一合法名义起兵,他即位也是合理的,但是他没有想到建文朝遗臣似乎并不怎么欢迎他。刚入南京城门,便被监察御史连楹行刺,虽未成功,但着实给其当头一棒。而且史载当天只有二十余名官员前来迎接朱棣入京,其余朝臣都在回避。甚至在朱棣进入南京城的当天,兵部侍郎边升、太常寺少卿廖升、刑部主事刘原弼等十五名官员便自杀殉节。因为此事,明成祖连续公布奸党分子,把没有前来迎接的官员统统列为奸党,从某种意义上来说是迫使他们主动前来归附。奸党名录起到了一定的威慑作用,不久户部尚书王纯、工部右侍郎黄福等官员前来归附。

当然他也只是清洗建文帝的忠实追随者,通过高压政策迫使那些囿于名教而不出仕的官员任职。据谈迁所著的《国榷》等史书所载,建文朝殉节的官员有名有姓者近百人,其中最为知名的莫过于方孝孺、黄子澄、铁铉、景清等人。但明确表态反对朱棣的官员为数不多;更多的官员面对新局面不知所措,只能逃走。史载,建文朝官员队伍中有四百六十三人逃遁,任凭明成祖如何威逼利诱,他们始终不出仕,明成祖便下令削去他们的官籍①,从此他们便不能为官了。这逃遁的四百六十三人,可能不一定都是非常忠于建文帝的,之所以不出仕,也有可能是心理原因。也许他们认为一朝天子一朝臣,加之明成祖尚未巩固自己的地位。就颁布奸党名单,对建文朝遗臣开始清洗,更加剧了他们的疑虑。

而后明成祖又论靖难降附功,对建文朝中的个别降臣封赏。他以藩王入继大统,缺乏处理国政的经验,他身边的将领谋臣对国家政务也不是甚为了解,而且需要磨合期,所以急需建立起忠于自己政治队伍。于是,明成祖先是起用迎附自己的李景隆、茹瑺等人,并委以重任,军国大事多命李景隆等人会同藩府旧臣、部院大臣会议。但他们本身品行较差,也无实际处理政务的能力,不足以担当大任。主动依附明成祖的二十五名建文朝旧臣,除六人曾担任尚书、侍郎外,其余皆是中低级官员,其中不乏后世称赞的蹇义、解缙、夏原吉,以及本书的三个主角,即杨士奇、杨荣、杨溥。明成祖登基当日,杨荣给他提示:"殿下先谒陵乎,先即位乎?"明成祖恍然大悟,遂先去祭拜他父皇明太祖的陵寝,然后才登基继统,从而表明他继承的是其父太祖朱元璋的皇位,而不是建文帝的皇位。在当时,此事关乎皇权的合法性。也许通过此事,明成祖认识到文臣的重要性。而他在清洗建文朝忠臣之余,开始拉拢建文朝遗臣。他与他有数的谋臣们商量后,烧毁了建文朝官员遗留下来的千余份奏折,其中包括一些朝臣奏请撤藩、针对燕王朱棣的奏折。明成祖在与解缙等建文朝降臣谈话过程中,问他们是否有劝谏建文帝惩治自己的奏疏,翰林院修撰李贯为了谄媚明成祖,自言没有,反而导致明成祖不悦,其言:"食其禄,则思任其事。当国危之际,近侍独无一言,可乎?朕非恶乎尽心于建文者,但恶导诱建文,坏祖宗法,乱政经耳。尔等前日事彼,则忠于

---

① 谈迁:《国榷》卷12,惠帝建文四年六月,第835-865页;谷应泰:《明史纪事本末》卷17《建文逊国》,钦定四库全书荟要史部,吉林出版集团有限责任公司,2005年,第204页。

彼,今日事朕,当忠于朕,不必曲自隐蔽也。"①再如,汤宗是建文朝遗臣,被黄淮举荐,后被明成祖任命为大理寺丞。随后有人告发汤宗在建文朝奏言燕王朱棣谋反,但明成祖没有翻旧账,而是说:"帝王惟才是使,何论旧嫌!"汤宗为了报明成祖的知遇之恩,任职期间多有建树。②明成祖通过这些举措消除建文朝降臣的顾虑。同时明成祖见主动归附的文臣们大多是低级官吏,在外廷官员群体中无多大话语权,便对其进行提升,如任命蹇义为吏部尚书、夏原吉为户部尚书等。此外,他还将被建文帝贬斥的官员恢复原职,通过高压与收买等策略促使建文朝遗臣归附。

当然,仅仅依靠这主动归附的二十多名建文朝降臣是远远不够的。虽然建文朝遗臣也开始处理朝政,政务照常运转,但明成祖又非常多疑,不完全信任这些遗臣。再者,建文帝的下落也是未解之谜。明成祖顺利进入京城,还未到达宫城,宫中便已起火,因扑救不及,致使建文帝下落不详。而明成祖为了打消他人顾虑,让内侍指认了建文帝的尸体。然而当时便有质疑之声,似乎连明成祖自己也不相信建文帝已死,毕竟李代桃僵之举史书上记载太多了。后世史家也迷惑不已,民间关于建文帝下落的版本也有很多,如出逃流亡说,甚至某地声称发现了他的遗迹;也有说他年老之时,又回到了京城。胡濙与郑和是永乐朝较为知名的历史人物,胡濙为建文二年(1400)进士,授职兵科给事中,后归附明成祖,授职户科都给事中,明成祖派遣其巡抚各地,查探民情,寻访张三丰。郑和追随明成祖靖难兵变,立有战功,先后六次出使西洋。但史家多认为明成祖命他们访寻张三丰、出使西洋别有他意,其真实目的是寻找建文帝。时至今日,学界对建文帝的生死与下落仍争论不已,暂且略过。从这些举措,可以看出明成祖的疑虑,他不清楚朝中官员有多少是"身在曹营心在汉",东厂的设立以及执意迁都便是为了防范于

---

① 谷应泰:《明史纪事本末》卷16《燕王起兵》,第197页。
② 张廷玉:《明史》卷150《汤宗传》,第4170页。

此。明成祖的藩府在北平,他在此经营数十年,根基深厚,而在南京,他更像一个"外来户"。明成祖是否很早便开始布局迁都似乎很难定论,但可以明确一点,他对南京似乎印象不好,其在位的二十二年中,大部分时间都不在南京。永乐元年,礼部尚书李至刚率领部分官员上疏,提出北平是明成祖的龙兴之地,可仿明太祖设中都,将北平布政司改为京师。① 此举正符合明成祖心意,随即改北平为北京,改北平府为顺天府,称为行在。永乐四年(1406),明成祖下诏从下一年五月起营建北京宫殿,以南京皇宫为蓝本,并派遣官员前往四川、湖广等地采集木材。但因他事干扰,营建北京宫殿没有如期进行。永乐五年(1407),以徐皇后去世为契机,明成祖在昌平为其建造陵墓,即长陵。永乐十四年(1416),明成祖召集群臣,商议迁都事宜。外廷文武百官反对者居多,明成祖对其残酷惩治,迫使外廷官员顺从明成祖的迁都之意。永乐十五年(1417),明成祖正式下令营建北京。永乐十八年(1420),明成祖迁都北京,改称其为京师,南京为留都,仍设六部等机构。

长陵

虽然明成祖清洗了诸如方孝孺、景清等建文朝忠臣,但不可能清洗全国官员,那样势必激起反抗,国家也无法正常运转。明成祖的支持者多是武臣,而为了统治国家,必须依靠文臣,而建文朝遗臣便是可最快利用的,但他们不配合,明成祖又不完全放心,便打算重新寻找。在进退维谷之际,明成祖想到了科举考试。明太祖时期,选官途径三途并用,即科举、荐举与吏员。

---

① 《明成祖实录》卷16,永乐元年正月辛卯,第294页。

但是他对由科举选拔出来的官员似乎并不满意,尤其是还发生了南北榜案,所以科举考试时停时办了。明成祖登基后,为了拉拢天下士子,也为了充实官员队伍,组建忠于自己的队伍,提高官僚体系的素质,他立即举行科举考试。

永乐元年,明成祖登基改元,便下令在全国各地举行乡试;次年(1404),又在南京举行会试与殿试,而会试的开题是"治国平天下"。本次科举考试一共录取了四百七十二人。以现在的视角观之,四百七十二人实在不多,我国的高考录取人数与公务员考试录取人数皆远超于

十三陵神道

此,但是在明朝是非常多的,可以说是有明一代,录取人数最多的一次科举。科举考试一般三年举行一次,全国各地的士子竞争为数不多的名额,竞争是非常激烈的。永乐朝共举行八次科举考试,极大地充实了官员队伍,形成了稳定的文官集团。进士的升迁途径极为便利,远好于其他出身。明成祖也给予他们极高的待遇。除此之外,明成祖对落第的士人也有一定的优厚待遇,如举人可以入监;又曾对落第的士子进行复试。通过这一系列的举措,明成祖构建了以其为核心的政治队伍。

恢复科举、补充官员队伍,还远远不够,必须组建自己的核心集团。为了培养忠实于己、又有利于治国的人才,明成祖推行庶吉士制度,也就是从中进士的士子中选拔一批为翰林院庶吉士,由翰林院官员进行培训。庶吉士制度始创于明太祖时期,直至明成祖时期,方专属于翰林院。究其原因在于翰林院人才匮乏。从明太祖后期、建文朝时期,翰林院学士是皇帝重要的顾问团体,而通过靖难之役,建文朝时期的翰林院官员所剩无几,明成祖缺

乏智囊团,再者入阁成员都要加学士头衔。庶吉士可以说是优中选优,选拔程序分为初选和复试。由朝廷委任翰林院学士进行培训。在馆三年,考试优异者,留在翰林院任职,其余的任科道官等职。至明朝中后期,庶吉士可以说是阁臣的后备力量,阁臣大都有庶吉士与翰林院任职的经历。"非翰林不入内阁,南北礼部尚书、侍郎及吏部右侍郎,非翰林不任。而庶吉士始进之时,已群目为储相。"[1]

高压与收买,以及现实生活的压力、儒家思想的助推等因素,使得建文朝遗臣与广大的士子暂时忘却了忠于建文帝。他们在新朝中奋发有为,追逐"修身齐家治国平天下"之目标,期盼着封妻荫子、光宗耀祖,从而出现了很多被后世称赞的名臣,如杨士奇、杨荣、杨溥、蹇义、夏原吉等人。

---

[1] 张廷玉:《明史》卷70《选举二》,第1702页。

中编

开拓盛世

第四章
君臣同心

杨士奇、杨荣与杨溥三人之所以能够在仁宣时期步入政治核心圈,原因在于明仁宗、明宣宗为皇太子时,三杨曾担任帝师,对他们竭诚辅佐,与两任帝王关系紧密,君臣同心。

古代士人一直追求得君行道,三杨一定程度上实现了这一目标。

第一节 三杨与太子朱高炽的关系

永乐二年,朱高炽被明成祖册立为皇太子,但是其政治地位并不牢靠。明成祖宠爱汉王朱高煦,汉王又因明成祖的宠爱,对太子之位乃至皇位有强烈的野心,故而终永乐朝,太子朱高炽的境地较为尴尬。最终朱高炽保住了太子之位,并顺利登基,杨士奇、杨荣与杨溥三人的功劳不可忽视。

一、明初皇室内部矛盾

永乐、洪熙、宣德三朝,皇族问题始终像一柄悬在大明朝头顶的利剑,国家安危系于一线之间,是皇族内安的重中之重,杨士奇、杨荣和杨溥三人为这一问题的解决操碎了心。这主要表现在永乐朝的皇储之争问题上。

明初的皇族问题,由来已久。自大明开国以来,明太祖朱元璋鉴于宋、元皇族孤立而亡的教训,大封自己子嗣为王,在天下名城和要害之地分土建国,让他们手持重兵,分镇要地,肩负起攘除外敌的任务。但明太祖又向各亲王训言:"当朝廷上下没有忠贞贤良,满是奸邪小人时,你们要共同扶持天子,出兵讨伐这些乱臣贼子。"① 这就相当于变相赋予了宗室诸王出兵平定内乱的权力,这原本出于安内的考虑,反而给了诸王起兵反抗中央的名义,这就给大明朝制造了一个潜在的威胁。建文帝朱允炆未登基时已意识到了这一问题的严重性,即位后,便开始有意削藩,试图消除宗室为乱的隐忧,但建

---

① 朱元璋:《皇明祖训·法律》,见张德信、毛佩琦主编:《洪武御制全书》,黄山书社,1997年,第401页。

文帝操之过急,方法用之过激,造成了皇室成员间矛盾的激化,结果演变成了"靖难之役",使自己被燕王朱棣推翻。

靖难之役结束后,明朝进入永乐朝。而当年燕王朱棣以"清君侧,靖内难"的口号,凭借藩国武力夺得了皇权,明成祖由此深知藩王势力的壮大对皇权所造成的威胁。因此,他一登上皇位,就着手削夺藩王的权力,做出了许多重大的改革,使得地方藩王不能参与军事政治,只可享受经济特权。而"靖难之役"并没有根本肃清藩王篡夺皇位的念头,反而给皇室子弟争夺皇位树立了"榜样",给皇室的稳定埋下了祸患,这集中表现在明初皇储之争的问题上,即汉王朱高煦为夺取皇位而进行的谋立和叛乱活动。

虽然明初皇储之争的问题可谓由来已久,但从某种程度上说,这一问题很大程度是明成祖自己种下的恶果。

一是明成祖在立储问题上迟而未决,导致问题持续发酵。永乐朝,针对立储问题,朝廷的文臣武将间形成了两派势力,以杨士奇、夏原吉等为首的文臣势力大多倾向于立明成祖的长子朱高炽为储,而以丘福、张辅等人为首的武将势力则多奏请立明成祖的次子汉王朱高煦为储。明成祖考虑到几个儿子在"靖难之役"中的功劳大小,对几个儿子抱有不同的态度,加上文臣武将争论不休,所以在立储问题上犹豫不决,左右摇摆,这就很大程度上激化了几个皇子争夺皇位的矛盾。

二是明成祖在立储问题上许诺失当,激发了汉王朱高煦谋立的异志。在"靖难之役"中,汉王朱高煦屡立战功,使得他在武将中树立了较高威望,也让明成祖对其有所偏爱。明成祖最为失宜的举措便是给了汉王朱高煦希望。建文四年,在浦子口一带,燕王朱棣被建文帝军队打败,深陷围困,汉王朱高煦恰好率援赶到。当时燕王朱棣非常高兴,对汉王朱高煦说:"我现在也老了,你的哥哥身体多病,你要好好努力啊。"明成祖虽然没有明说会立其为太子,但是此语不得不令人产生遐想。虽然当时最终结果还未可知,但是当朱棣成功夺取皇位之后,也许在这句话的刺激下,朱高煦产生了争储的野心,使兄弟之间产生隔阂。最终燕王朱棣成为帝王,立储也成为一大问题,最终演变成兄弟阋墙。

二、国本之争

朱高炽被册封为太子的因素主要有三,一是他是嫡长子,明太祖朱元璋采用了古代中国传统的嫡长子继承制度,在册封长子朱标为太子后,陆续册立诸王的世子,也是秉承嫡长子继承制。洪武二十八年(1395),他册立朱高炽为燕世子。据史书记载,明太祖非常喜欢他这个孙子,认为他有圣明天子之象。二是在靖难之役中,朱高炽虽没有随军出征,但他固守北平城,表现同样很出色。李景隆曾率大军围困北平,时燕王朱棣命长子朱高炽留守北平,其手中尽是老弱病残,实际作战能力较差。但朱高炽指挥得当,李景隆久攻不下,最终等到燕王朱棣回师,内外夹击,使李景隆大败而归。三是他得到了朝堂很多文臣的支持,尤其是处于政治核心圈内的文官支持。此外,他的儿子朱瞻基似乎也为其加分不少。《明史·解缙传》载,解缙认为皇长子朱高炽仁孝,天下臣民归心,然而明成祖并没有反应,直到解缙称其"好圣孙"时,明成祖才表明心迹。从这些记载中可以看出,文官的支持是不可忽略的因素。明太祖与明成祖打天下依靠武将,但治理天下则更多依靠文臣。明成祖登基之后,业已意识到此点,广开科举,完善文官体制。而杨士奇、杨荣、杨溥等文官们之所以坚定地支持皇长子朱高炽,在于他们既遵循祖制,又认为朱高炽有明君气象。史载朱高炽自幼便端庄沉静,言行举止颇有规范。习武与读书两不耽误,可以说是书籍不离手,射术也较为精准,不过其兴趣更多在读书上,喜欢与儒臣谈论儒家经典著作。明太祖有意识地培养孙辈,经常考核其学业,朱高炽表现非常出色。朱高煦与朱高炽是同父同母的兄弟,言行举止却完全相反。史载朱高煦性情凶悍,也可能是史家为了突出朱高煦之恶而剔除其好的部分。洪武年间,明太祖曾让诸王子孙在京城学习,然而朱高煦不喜学习,对儒家经典不屑一顾,言行轻佻,遂被明太祖厌恶。明太祖去世后,燕王朱棣派遣其子朱高炽与朱高煦入朝祭拜。朱高炽表现甚好,依礼而行,而朱高煦则依旧我行我素。他们的舅舅徐辉祖告诫朱高煦收敛行为,不要肆意妄为,但是朱高煦不仅没有听取,还盗走其宝马。在归途中,朱高煦随意杀死官民,引起官愤民怨。朱高煦喜武不喜文,朱高炽相反。在国家承平之际,朱高炽更适合为君主,实行仁政。也许正是因为这些,文官们更愿意支持皇长子朱高炽为太子。

明成祖登基后,在立储上颇为犹豫,迟迟没有册立太子。在平常家庭中,扶持其他子嗣继承家业者可能很多,甚为平常,其他人也无权直接过问干涉,但太子一事为国本,事关国家安危,并不只是皇帝家事,乃是国事,故而明成祖也不能一意孤行。群臣在此事上先后奏请及早册立太子以固国本,使得明成祖不能再继续拖延。永乐二年,明成祖想知道群臣对立储的态度,命文武百官讨论册立太子一事。朝中部分武将认为,在靖难之役中,朱高煦随军出征,作战勇敢,立下赫赫战功,明成祖对其又甚为宠爱,他也更愿意亲近武将,若其被立为太子,军事集团的位置会更加稳固。以淇国公丘福、驸马永春侯王宁为首的武将奏请册立朱高煦为太子。但武将的建议遭到文臣的反驳。兵部尚书金忠历数前代因为太子一事引发的危机,反对册立朱高煦为太子,奏请册立皇长子朱高炽为太子。解缙、黄淮等近侍儒臣也一致奏请册立皇长子朱高炽为太子。明成祖综合考虑,最终决定册立朱高炽为太子。但这一决定仍遭到一些武将的反对,明成祖再次强调:"居守功高于扈从,储贰分定于嫡长。且元子仁贤,又太祖所立,真社稷主,汝等勿复言。"①

同年四月,明成祖朱棣下诏册立皇长子朱高炽为太子,二子朱高煦为汉王,三子朱高燧为赵王。明成祖将朱高煦封地定在云南也是大有深意,他知晓朱高煦不甘心,但又无法妥善解决二子之间的矛盾,便将其封在云南,天

---

① 谷应泰:《明史纪事本末》卷27《高煦之叛》,第287页。

明仁宗

（来源:《中国历代帝王名臣像真迹》）

高皇帝远,为一方之诸侯,不用时时受太子朱高炽之管辖。虽然从表面上看,一切都已经成了定局,三子名分已定,但事实并非如此。虽然朱高炽被立为太子,但朱高炽并不符合明成祖的期待,所以明成祖内心还是想改立太子,只是限于祖制与文臣的支持,不得已如此为之。

皇长子朱高炽被册立为太子,但是他的政治地位并不稳固,其弟朱高煦也不甘心,仍旧在争取太子之位。朱高煦没有体会到明成祖的良苦用心,迟迟不肯就藩,反而叫屈道:"我何罪,斥我万里。"使明成祖内心不满。在太子朱高炽的周旋下,明成祖令其可留京师。不管朱高炽出于何种考虑,他的这个建议给自己带来了很多危机。明成祖对朱高煦可能也存有愧疚之意,因此朱高煦的一些请求,他都予以批准,如赐其天策卫为护卫,增加王府两护卫军,这些举措使得朱高煦愈发骄纵,认为自己有机可乘。

三、"三杨"辅佐太子监国

有明一代,南倭北虏是其面临的主要外部危机。明太祖将自己的子嗣分封到北部,给其较大的兵权,也是为了防范蒙古势力,燕王、宁王等都可以说是固守明朝北大门之力量。朱棣由燕王成为一国之君,他深知诸王军事力量强大对自身统治的威胁,于是变动宗藩制度,大幅度削减宗室诸王的护卫军队,甚至变动他们的封地,如将宁王朱权迁至内地。如此为之,北部就没有明宗室镇守,他对武将又不十分信任,这便使北部的安全无从保障。经过再三思量,他决定迁都北京,都城定在北部,军事部署也会逐渐完善。他决定亲自守边,后世称为"天子守国门"。此外,为了改变被动的守势,明成祖决意化被动为主动,主动攻击蒙古。在北征过程中,他命皇太子朱高炽监国,留守南京,处理政事。据统计,朱高炽先后监国六次。每次监国,明成祖会专门选择文臣留守京师以辅佐太子朱高炽,其中杨士奇是辅佐太子监国次数最多的官员。具体监国及其辅佐大臣见下表:

太子监国表

次　　数	起　止　时　间	辅　佐　大　臣
第一次监国	永乐七年正月至八年十月	蹇义、金忠、黄淮、杨士奇
第二次监国	永乐十一年二月至十二年九月	金忠、黄淮、杨士奇、杨溥
第三次监国	永乐十五年三月至十八年十二月	蹇义、杨士奇、梁潜
第四次监国	永乐二十年三月至九月	蹇义、杨士奇
第五次监国	永乐二十一年七月至十一月	杨士奇等人
第六次监国	永乐二十二年四月至七月	杨士奇

注:资料来源于谷应泰:《明史纪事本末》卷26《太子监国》。

由此表可见,太子朱高炽监国时间很长,虽其做皇帝的时间不到一年,但执政经验非常丰富。明成祖命太子朱高炽第一次监国时,就强调了监国的重要性,同时为了避免大权旁落,规定了太子监国的权限,诸如文武除拜、四夷朝贡、边境调发等大政必须奏请他,由他亲自决定,其余庶政由太子朱高炽自行决定。然即使如此,明成祖在征讨蒙古时仍命人监视太子,他安排的辅佐大臣除东宫府僚外,皆是自己信任之人。他曾派胡濙前往南京观察太子朱高炽监国情形,并随时密报给他;又随时检查太子处理的各项政务,要求六科每个月奏报一次。这既可以说是明成祖对太子监国的重视,又可以解读为对太子的不放心与提防。而汉王朱高煦则有时扈从出征,与明成祖朝夕相处。当朱高炽在理政方面秉持的观念与明成祖有所分歧,就给了朱高煦可乘之机。朱高煦先后借机倾陷与太子有旧的解缙、耿通等人。朱高炽的六次监国经历颇为凶险,但因为有辅佐文臣的帮助,大都顺利完成。

在太子朱高炽的历次监国中,杨士奇、杨溥等人展示了自己的政治抱负,凭借自身的才能和对太子的忠诚,在确保朱高炽的太子地位中发挥了重要作用,赢得了太子的信任,从而使得他们与太子的关系极其亲密。

汉王朱高煦知道自己未被立为太子有很大程度是文臣的阻拦,对力主册立朱高炽为太子的文官极为怨恨,于是暗中勾结赵王朱高燧找寻一切机会诋毁朱高炽。在随父北征或巡守北京期间,凭借留在明成祖身边的优势,朱高煦常常向明成祖攻击批评太子朱高炽,说他有异心,导致明成祖对太子朱高炽心生猜忌。永乐九年(1411)三月,阁臣们奏事结束,相继离宫。而明成祖秘密宣召杨士奇,向其询问太子监国时期的表现,杨士奇用了两个字来形容——"孝敬",陈述了太子在监国期间亲自管理宗庙事务和担心明成祖朱棣北征等种种孝敬的事迹,直言:"殿下最用心处在以爱人为本,将来宗庙社稷之寄,允不负陛下付托。"①这才让明成祖朱棣心中的疑云稍稍消散,又赐予杨士奇酒馔。

虽然此次太子朱高炽在杨士奇的巧妙应对下逃过一劫,但汉王朱高煦毕竟不是省油的灯。永乐十二年(1414)三月,明成祖北征瓦剌,八月班师回朝,按定制,太子需派大使迎接圣驾。然而朱高炽的使臣却迎驾来迟,朱高煦借机发起了政治攻势,"日夜谋夺嫡,复造飞语,动摇监国,并重伤黄淮等"②。明成祖以太子朱高炽遣使迎驾迟缓失期为由,下诏逮捕了杨士奇、杨溥、黄淮和金问等人。其间,明成祖苛责杨士奇,但杨士奇不避怒颜,挺身而出维护太子,没有为自己开脱而是承担了罪责,他说道:"太子敬孝不改当初,但凡有罪过,都是臣等之罪。"明成祖听后一时恼怒便把杨士奇关入了牢狱,但又于心不忍,不久让他官复原职。但杨溥、黄淮和金问等人则没那么幸运,一直被明成祖关押到了永乐二十二年,遭受了长达十年之久的牢狱之

---

① 杨士奇:《三朝圣谕录》卷上,《东里别集》卷2,景印文渊阁四库全书第1239册,第624页。后文引用此书皆是文渊阁四库全书本,不另行标注。
② 谷应泰:《明史纪事本末》卷27《高煦之叛》,第287页。

灾。兵部尚书金忠亦为辅佐大臣，明成祖免其责任，他奏言愿"连坐以保"，明成祖也没有同意。史载，有人问朱高炽："殿下知谗人乎？"朱高炽则说："吾不知，知为子耳。"① 朱高炽不可能不知道他的弟弟对储君之位的野心，也不可能不知道他的境地就是其弟所为导致，然不能辩解，只能逆来顺受。

经过此次事件，明成祖打压了太子朱高炽的势力，但又担心朱高煦势力膨胀，惹是生非，从而出现夺嫡之争，于是将他藩地改为青州，意图使其就藩。但是明成祖的努力却没有为朱高煦理解。也许是朱高煦实在不情愿只做一个藩王，依旧不愿赴任，滞留在南京。明成祖再次北征时，朱高煦趁机私募兵丁三千人，打算效法其父，弑兄夺权。永乐十四年，明成祖朱棣在北京听闻汉王朱高煦谋反的传闻，立即赶往南京，下令让朱高煦即刻离京前往青州上任，不过朱高煦依旧抗旨不遵。不得已，明成祖朱棣以此事询问太子朱高炽，也有试探之意。作为父亲，明成祖试图建立一个关系和谐的家庭，在子嗣之间也是甚难抉择的。太子在揣测明成祖的真实意图后，再一次回护弟弟朱高煦，他回答道："人言未可辄信，且父皇在上，当未敢有此心。"其实此话是有深意的。太子朱高炽的意思是，因为父亲您还在世，汉王不敢谋反，但是当您百年之后，或许有可能。很难判断明成祖是否听懂了太子朱高炽的话外音。从他后续行为来看，似乎也是心存疑虑。明成祖召见蹇义询问朱高煦一事，蹇义鉴于耿通、杨溥等人的遭遇，再三强调不知实情。明成祖遂秘密召见杨士奇，向其咨询看法，并说："汝当为朕言之。"而杨士奇与太子朱高炽的关系较好，加之其将自己的仕途也基本押在了太子身上，但他又不能直言，于是很巧妙地进行了答复："臣与义同事东宫殿下，外人固无敢与臣等言。虽间有言者，亦百之一二，又多出臆度，非见实迹，此固不敢辄对陛下。"此是以退为进，相当于告诉明成祖，他确实听闻汉王之事，但不确定是否为真。杨士奇接着说道："陛下两次亲命汉王前往封地就任，他都不愿赴

---

① 谷应泰：《明史纪事本末》卷26《太子监国》，第282页。

任,现在陛下要迁都北京,而汉王却要求留守南京,这不是和陛下当初如出一辙吗?此天下之人疑其心,亦岂待事有实迹哉!希望陛下能够早做决断安置汉王。""惟陛下早善处置,使有定所用,全父子之恩,以贻永世之利"①。显然,从这里可以看出杨士奇的政治智慧,他深知明成祖喜爱次子朱高煦,没有直接对朱高煦进行诋毁,而是以明成祖当年"靖难之役"为例,以此来警示成祖。明成祖在听取了杨士奇的看法后,便派人前去暗中调查汉王朱高煦,在掌握了朱高煦欲图谋反的实际证据后,便立即召来朱高煦,将他狠狠地训斥了一番,但朱高煦仍不肯服从。明成祖朱棣恼怒之余,将其幽禁。

永乐十五年(1417),朱高煦又被削去两护卫军,也就是减少6000人的护卫军,徙封乐安州。自此朱高煦失去了明成祖的袒护,置于朝廷的控制之下。自此皇储之争暂告一段落,朱高炽也逐渐获得了明成祖朱棣的信任,但并不代表就可以高枕无忧了。永乐十六年(1418)五月,东宫府僚梁潜与周冕被明成祖赐死,起因为太子朱高炽宽恕了被明成祖贬斥的一名官员,而梁潜与周冕作为东宫府僚,却不谏阻太子,属于失职。梁潜和周冕只是皇帝与太子之间分歧的牺牲品。任何一个皇帝都不愿除自己之外,再形成一个权力中心。当年六月,明成祖派遣胡濙巡视江浙地区,实际上是考察太子行为。临行前,明成祖对胡濙说:"人言东宫多失,当至京师,可多留数日,诚观如何,密奏来。奏字须大,晚至即欲观也。"胡濙每日随朝,记录太子朱高炽各种事迹。杨士奇担心胡濙在南京日久,会被明成祖怀疑其与太子进行谋划,便督促胡濙赶紧赴任本职。随后胡濙上奏明成祖,言太子"诚敬孝谨七事",无不当行为,明成祖览后,非常高兴,史载"自是不复疑皇太子"②。但实际上,明成祖仍存在疑虑。由于明成祖朱棣在储君问题上的偏执与对自身权力的担忧,他与太子朱高炽之间的关系一直较为紧张。

---

① 杨士奇:《三朝圣谕录》卷上,第626页。
② 谷应泰:《明史纪事本末》卷26《太子监国》,第283页。

终永乐朝,太子朱高炽屡遭朱高煦、朱高燧势力的谗佞诬蔑,加上明成祖对其始终怀有疑忌和苛察,朱高炽的太子地位一直处于岌岌可危的状态,这使他的东宫府僚成为高危职业,可以说是"侍从监国之臣,朝夕惴惴,人不自保",但他们皆能全力调护。最终在杨士奇、杨荣、杨溥、黄淮、金幼孜等人的维护下,朱高炽得以保全太子之位。朱高炽即位后,曾对蹇义和杨士奇说:"我监国二十年来,不知遭遇了多少的谗言和陷害,但每一次都由两位爱卿与我共同面对,也多亏了成祖英明神武,明察秋毫,我才得以保全,这都要归功于我们彼此间同心一体!"因此他在位期间,对东宫府僚多有提携,内阁的政治地位与影响力也不断上升。

  朱高炽在登基前面临的最后一次考验是明成祖在外去世,而他并不在身旁。这与秦朝太子扶苏的遭遇类似。明初定南京为京师,但明成祖长年不在京师南京,或北征,或巡视北平,最终又改北平为北京,最终定都于此。明成祖北征或巡视北京时,都未令太子朱高炽随行扈从,而是令其在南京监国。二人在信息传递过程中,存在一定的时间差。永乐二十二年七月,明成祖朱棣北征还师,病逝于榆木川。死前颁布遗诏传位给太子朱高炽。这颇似秦始皇巡游病逝于沙丘。但是与秦朝太子扶苏不一样的是,扈从明成祖的杨荣等几名主要官员,皆与太子朱高炽关系较好,在册立国本一事上对朱高炽助力实多,也没有令他们归附汉王、赵王的因素。考虑明成祖去世的信息如果泄露,会给汉王朱高煦和赵王朱高燧提供叛乱机会,为防患于未然,杨荣与金幼孜商议后,认为军队离北京尚远,为防止军心涣散,决定秘不发丧。为处理遗体,两人命工部官员搜取军中所有锡器,销熔为桶,将遗体密封装置桶内,每日还是照例进餐、请安,军中一切如常,只是皇帝的车帘再也没有掀开,明成祖也再没有说话,扈从之人也没有再见其真容。安排好这一切后,杨荣立即赶回京师,向太子朱高炽密报明成祖去世的消息。此时京师情形较为紧张,因为京师的精锐部队基本上随明成祖出征,京师内只有一些老弱病残,而赵王朱高燧则有三护卫军在京师,战斗力较强。太子朱高炽得知后,立即命一些精锐部队连夜赶回京师以确保京师安全。因其必须在京师主持大局,为免发生危机,只得派儿子朱瞻基出京迎丧。朱瞻基临行前,对其父言道:"出外有封章白事,非印识无以防伪。"太子朱高炽也意识到这个问题,但是迫于事情紧急,一时也无法新制。正在思量如何解决这一问题时,杨士奇建议道:"殿下未践祚,今居丧无所事,有事,自应行常用之宝。东宫小图书亦闲,太孙出外无行事,惟有上禀朝廷之事,可假行之。此出一时之权,归即纳上。"太子朱高炽认为此计可行,遂应允,并对朱瞻基说:"汝此说是,虽出从权,亦事机之会。昔大行临御,储位久未定,浮议喧腾。吾今就以付之,浮议何由兴!"于是朱瞻基顺利出行。

安排好各项事宜后,太子朱高炽召见杨士奇,语重心长地说:"从此以后,朝堂之事,我只有依靠你和蹇义了,但是蹇义遇事迟疑不定,所以你一定要尽心。我登基之后,必不会辜负你二人。"杨士奇与太子朱高炽患难多年,深知其为人,也知道自己一直"押宝"于太子朱高炽,此时并不是加官晋爵之时,遂宽慰太子朱高炽:"殿下嗣位,朝廷大小事皆当尽公以厌服天下之心,须溥恩及下。然必先扈从征行之臣,若汉文即位,首进宋昌,史书之以为贬,此当深戒。臣两人日在侍近,殿下必不遗,惟不应先及此。殿下初政,收人心之机也。"[①]杨士奇考虑非常周详,也不为己邀功,而是周密安排,确保太子顺利即位以平定局面,这也许与他经历了靖难之役,深知改朝换代之弊端有关。由于辅佐大臣们的精心安排,尤其是杨荣的秘不发丧,即刻告知朱高炽,使得朱高炽占据了先机,总算没有发生什么叛乱,政权得以平稳过渡,朱高炽最终顺利即位,为明仁宗。

朱高炽在监国期间,虽遭各种危机,但能专意政事,史载"东宫监国,朝无废事",这与杨士奇等人的辅佐密不可分。下文再予以讲述。

---

① 杨士奇:《三朝圣谕录》卷中,第629页。

第二节 三杨的帝师经历

杨士奇、杨荣与杨溥三人有一共同点，即曾为帝师，当然帝师之说是不准确的称呼。准确言之，他们担任过经筵官、太子洗马、左谕德等职。他们专研儒家经典数十年，有着丰富的人生阅历与知识储备，在当时可以说无有出其右者。假如明朝有教师职称评选，那么三杨当选高级教师可谓当之无愧。下面我们就来介绍一下，明朝初期四代帝王，这几位堪称"帝师"的大臣如何通过老师身份劝谏与教导皇帝与储君，辅佐君王治国理政。

一、明朝的皇子教育制度

明太祖朱元璋起自平民阶层，受制于家庭成长环境，没有接受系统的教育，只在寺庙中识字读经，文化水平较低，但是在军旅生涯中，他意识到了文化的重要性，以及登大位不能没有一定的文化水平。经过不断努力，他已经可以熟练阅读儒家经典著作，更不用说批阅臣民奏章了。他还很重视招揽人才，与儒生谈经论史。他与他的谋臣总结历代发展的经验教训，指出"马上可得天下，但不能马上治天下"，深刻认识到教化的重要性，"治国以教化为先，教化以学校为本"[1]，从而大力兴办各式教育。明太祖多次下令州府郡县官员筹建学校，发展地方教育。上行下效，在明太祖大力推动下，明代的教育制度与学校制度很快确立起来，并且非常完备。明代的官学体系包括

---

[1] 张廷玉：《明史》卷69《选举志一》，第1683页。

国子监、武学、医学、阴阳学、四夷馆、府学、州学、县学、社学等,可以说是涵盖了所有地方。明太祖不仅重视面向民众的教育,也格外注重皇室子弟的教育。他认为:"公卿士庶人之子系一家之盛衰,天子之子系天下之安危。尔承主器之重,将有天下之责也。公卿士庶人不能修身齐家,取败止于一身一家,若天子不能正身修德,其败岂但一身一家之比? 将宗庙社稷有所不保,天下生灵皆受其殃。可不惧哉,可不戒哉!"① 简单地说就是明太祖认为宗室子嗣的德行事关国家安危,他们有管理天下国家之责,而只有对他们开展教育才能正身修德,国家才能稳定。因此他也努力完善宗室教育体系,挑选品学兼优的儒者官员教导宗室子嗣,不断督促他们问学,并以身作则,注重言传身教。这也是明代宗室教育较为普遍的形式。

  明太祖废除中书省与丞相后,需要处理的政务陡然增多,但他没有放松对子嗣们的教育,在与宗室子嗣各种见面场合,他总是借机考察他们最近的学习动态,以及其对经典著作的见解。我们查阅《明太祖实录》《皇明祖训》会发现很多相关记载。如洪武九年十月的某一天退朝后,明太祖考问太子朱标与其他宗室子弟:"汝等闻修德进贤之道乎?"太子朱标回答道:"每闻儒臣讲说,知其略矣,未领其要。"② 明太祖在处理政务之余,自己也在学习,与群臣谈经论史。明太祖常常命儒臣解说四书五经;也时常前往文渊阁等处阅读书籍或召翰林院儒臣面谈经史。明宣宗也曾多次亲临文渊阁,与杨士奇等人讲论治国理政之道。通过这种方式为皇子们树立一个良好的榜样。皇帝自己立言著书也是教育宗室子嗣的一种方式。他们往往将历代有益治国理政的事迹编册成书,以让宗室们观阅。如明太祖曾命人择取古代著名的孝行人物与自己起家的经历,制成画册,供宗室子嗣览阅;为了让宗室诸王遵纪守法,他又命人采集历朝宗室为恶者编撰成《昭鉴录》《永鉴录》二书,

---

① 《明太祖实录》卷54,洪武三年七月戊子,第1059页。
② 《明太祖实录》卷103,洪武九年十月丁巳,第1731页。

并亲自编撰《御制纪非录》,让宗室子嗣以此为鉴。明成祖朱棣采纳历代圣贤治国之名言事迹,编成《圣学心法》《储君昭鉴录》二书,赐予太子朱高炽,以期提高其治国理政之水平。明宣宗也亲自编写书籍《帝训》以教育宗室子嗣。除了帝王的亲自教导,明初几位帝王还为宗室子嗣的学习创造良好的环境,皇宫中有大量的藏书,包括历朝典籍,各种类型的图书,很多甚至是孤本,外人难得一观。综观古代,历朝都有官府藏书体系。明太祖在文华殿、文渊殿、大本堂等处设立藏书室,派专人负责整理。明成祖意识到书籍之功用,直言道:"置书不难,须常览阅乃有益。凡人积金玉皆欲遗子孙,朕积书亦欲遗子孙,金玉之利有限,书籍之利岂有穷也?"[①]大本堂等处不仅是藏书之地,也是宗室子嗣学习之所,帝王也常在此处与官员谈论经史。明代中期以前,宗室子嗣教育贯彻较好,历任帝王的文化素质较高,的确有利于治国理政。如今我们阅读购买书籍很方便,或者阅读电子版,但是在电子技术尚未问世、印刷业亦不是很完备的古代中国,拥有纸本书籍是非常困难的,更何况是一些秘本。我们翻阅古代人物传记,会发现很多人的启蒙读物或者是为了参加科举而学习的儒家经典著作,都是借他人书以手抄,杨士奇等人也是如此。明清时期图书市场较为发达,藏书家也比较多,但远不能与皇家藏书相比。由此可见,宗室子嗣的学习环境是非常优越的。

皇帝的言传身教是最好的教育方式,但是他们疲于政务,很难抽出更多的时间,因此宗室子嗣的教育更多的是由官员来完成的。明太祖便召集天下名儒教导太子与亲王。正统之后,形成了经筵制度。太子与其他宗室子嗣由于日后的政治地位不同,承担的责任不同,历任帝王都非常重视对他们的教导。明初,明太祖就已兼有完备的东宫官属体系,有专员负责太子的教育。其所学内容十分广泛,但是其主旨只有一个,即如何治国理政。四书五经以及《尚书》《春秋》《资治通鉴》等史书是必读书目。在对太子朱瞻基的教

---

① 《明太宗实录》卷53,永乐四年四月己卯,第795页。

育问题上,明仁宗便曾对杨士奇强调:"讲官当以大经大法进说其前,史所载非圣贤之道,无益于治者,勿言。"①其他的礼乐骑射也是要学的。对其他宗室子嗣则主要培养其忠孝之道,以服务于皇帝。明太祖要求王府官员"导王以正道"②。明宣宗要求王府官员教导宗室子嗣读书"以成德性"③。本书的三位主人公都担任过东宫官职,负责讲经,他们也充分意识到职责所在,按照储君教育模式进行教授。下文便简要阐述他们的"帝师"经历。

二、三杨对明仁宗、明宣宗的教导

1. 杨士奇的帝师经历

建文四年七月,燕王朱棣即位,是为明成祖。九月,晋升杨士奇为翰林院编修,入直文渊阁,参与机务。十一月,明成祖朱棣提升他为翰林院侍读。在数月间,杨士奇的职位多次变动,且与皇帝的关系日益密切。为打消杨士奇的疑虑,明成祖对他说:"朕知道你博闻强识,也擅长文学,综合考虑下,便提升你为翰林院侍读,这是对你的信任,你应尽职尽责,尽心辅导,不要心存顾虑。"从此,杨士奇便随时为明成祖讲经论史。而在讲解的过程中,杨士奇也不拘泥于书本,时而添加新的内容,以易懂的方式贯穿治国之要。如永乐二年六月,杨士奇进呈文华殿大学士讲义。明成祖读后,有感于杨士奇之言,指出:"先儒谓《尧典·克明峻德》一章,一部《大学》皆具。"杨士奇则回答道:"诚如圣谕。尧、舜、禹、汤、文、武数圣人,凡修诸躬施于国家大卜者,皆《大学》之理。"明成祖指出,孟子强调:"性善必举尧、舜。""尔等于讲说道理处,必举前古为证,庶几明白易入。"不等杨士奇回答,又说道:"帝王之学,贵切己实用,着讲说之际,一切浮泛无益之语勿用。"④也就是说讲义应简明扼

---

① 《明仁宗实录》卷6下,洪熙元年二月壬子,第223页。
② 《明太祖实录》卷117,洪武十一年三月己丑,第1918页。
③ 《明宣宗实录》卷22,宣德元年十月乙亥,第580页。
④ 杨士奇:《三朝圣谕录》卷上,第622页。

要,杜绝长篇大论等浮言。皇帝贵为一国之君,每天处理的朝政繁多,加之明成祖本是武人,对儒家经典钻研不深,只得如此。

受到明成祖如此的赞扬和肯定,从侧面也可见杨士奇的才学之深。明成祖也意识到对太子的教育事关国家大事,认为必须选择可信赖的并有深厚学识的官员进行辅佐才是上策。立朱高炽为太子后,东宫官属便不断扩充变动。而明成祖在与杨士奇的接触中,认为他是不错的选择,便于永乐二年任命杨士奇为东宫官属,又于永乐五年(1407)晋升其为左谕德,为太子朱高炽讲读经史。杨士奇的教师晋升之路可谓是一路顺风顺水,一路做到了当时古代教师行业的顶端——太子的老师。

杨士奇的教学风格有两个特点,一是非常严格,二是善于将儒家思想文化与实际结合起来进行讲解。这里有几件事情能体现杨士奇对于太子教育的态度。

太子朱高炽在监国之余,专意文事,遍览历代先贤文章。一日,他与杨士奇交谈自己对《文章正宗》的心得。太子朱高炽言道:"我觉得真德秀很有学识,品行端正。他编辑此书,对做学问有很大的帮助,实是有益于学林。"

这个真德秀是谁呢?他是南宋理学家,后人称其为"西山先生"。他学宗朱熹,是继朱熹之后的理学正宗传人,在确立理学正统地位上具有非常重要的作用。而理学强调的正是如何用儒家道德来治理天下。太子朱高炽主动阅读此书,认为此书对他大有益处。因此杨士奇乘机进言道:"真德秀是道学之儒,他凭借对道学的实践才做到志行端正,他所著的《大学衍义》,对做学问和朝廷里的人都非常有用,作为君王不可以不知道,作为大臣不可以不知道。如果君臣都不读《大学衍义》,那国家的治理就会出现问题。"

杨士奇的这个回答,既体现了他无时无刻不教育的风格,又尽显他个人的知识底蕴。太子朱高炽说一个历史人物,杨士奇便乘机进言,向太子推荐有利于他阅读的书目。

听了杨士奇的话后,太子朱高炽立马让翰林院官属查找《大学衍义》,并将这本书呈上来以供其阅读。他暂时抛开其他事务,专心阅读《大学衍义》。阅后,朱高炽深有体会,高兴地说:"此为治之条例,鉴戒不可无。"他还自己挑选一部留在房间之中,以备朝夕自阅,又命翰林院翻刻此书遍赐诸子,让他们也时时阅读,体会先儒之精神;同时又赐给杨士奇一部,并说:"果然为臣亦所当知。"事实证明,太子朱高炽这个"学生"还是很听话的,非常有上进心,也有治国理政之欲。犹如杨士奇所称颂般,"盖殿下汲汲于善道如此"①。

再如,太子朱高炽喜欢诗词曲赋,在这方面花费了一定的时间。诗词曲赋可以说是历代文人、士人之必备才能,唐宋两朝科举考试甚至以诗为主。虽然造就了诗词繁荣,但士人热衷于此,不尚经世致用之学,显然不利于国家统治。宋代中后期,就因为科举考试科目发生多次争论;金元两朝,借鉴宋代之得失,科举考试便取消了诗词。作为储君,沾染此风未尝不可,但是沉迷诗词则不利于治国理政,犹如南唐后主李煜、北宋的徽宗。杨士奇也甚为担忧,这一次他没有委婉进谏,而是直言:"殿下应该多看看六经,有空的时候多看看两汉的诏令。诗歌只是一个小小的技能,不用花费这么多时间。"从这个事情可以说明太子与杨士奇之间的师生感情还是不错的,太子朱高炽没有因为杨士奇扫了他的兴致而恼怒,而是"称善",毕竟他也知道杨士奇是为他以后的大事着想。虽然太子朱高炽听取了杨士奇的建议,但并没有完全抛弃诗词,这可能与他的喜好有关系,也可能与他身边其他官员有关系。东宫官属并不只有杨士奇一人,其他官员也想争取太子的信任,最好的办法便是投其所好。例如史载"太子喜文辞,赞善王汝玉以诗法进"②。诗词是古代士人生活与交际的必备品,杨士奇也擅长此道,而太子也必须对诗词略有造诣,方显圣君气质。历代帝王作诗最出名者便是乾隆帝。之所以说乾隆帝最出名,不是指其诗词质量,而是指数量。因此杨士奇不能完全制

---

① 杨士奇:《三朝圣谕录》卷中,第 627 页。
② 张廷玉:《明史》卷 148《杨士奇传》,第 4132 页。

止太子朱高炽涉猎诗词,只是尽量往治国理政方面引导。从太子朱高炽与杨士奇有关诗歌问题的讨论,便能一窥杨士奇的良苦用心。

明清文献没有点明此事的起因,具体的时间也没有记载,杨士奇也只笼统地记载"一日"。也许这一天是太子朱高炽心血来潮,毕竟赞善王汝玉每日于文华后殿说赋诗之法,他也时常作诗,也有一番作为之心。太子朱高炽问杨士奇:"历朝帝王能作诗歌者,他们的水平怎么样,应如何排次序?"

杨士奇道:"诗以言志,明良喜起之歌、《南风》歌都表达了唐尧与虞舜的志趣,它们是最好的诗歌。后世帝王诸如汉高祖的《大风歌》、唐太宗的'雪耻酬百王,除凶报千古'之类的作品,虽然也是千古之作,但在作品里体现了他们崇尚的是霸道和武力,皆非王道。而汉武帝《秋风词》志气就已经很衰弱了,流于淫奢,颇似隋炀帝、陈后主所为,这便是万世帝王的前车之鉴。如果殿下想在明道知经的闲暇时间,以文章之事来娱乐休闲,那么可以看两汉诏令。两汉诏令不仅文词高尚简洁,有上古之风,且蕴含了很多道理,可以利用来治理国家。如果作诗只是无病呻吟,徜徉风花雪月,那就没有必要花费那么多时间了。"

杨士奇引经据典地劝谏太子朱高炽,但后者显然不这么认为,继续问道:"太祖皇帝有那么多诗集,那到底什么叫诗不足为呢?或者为什么诗词之道不值得花费时间呢?"

杨士奇则回答道:"帝王的学问所看重的并不是作诗。太祖皇帝体现他学问大的地方在于他曾经看《尚书注》等一些书籍,作诗只是他闲暇时的余事。殿下现在的学习应该把目光放在对重要学问的学习上,类似于诗歌这样的余事大可缓一缓。"

太子朱高炽又问道:"世间的儒生,他们作诗吗?"此问暗含着儒生忙于阅读儒家经典,备科举,入仕,也需要参与政务,他们既然可以作诗,我为什么不可以呢?尤其你是文坛大家,也写了不少诗。这实际上反将了杨士奇一军。

面对这一发问,杨士奇很谨慎地回答。他首先承认全天下几无不作诗的儒生,这毕竟是基本技能。但紧接着他指出国家有很多儒生,儒生也是分等级的,他们的品德与水平也有高下,不可一概而论。"高者,道德之儒;若记诵词章,前辈君子谓之俗儒。"也就是说道德高尚的儒者才是真正的儒者;仅仅是记诵词章之儒则是俗儒,不登大雅之堂。继而他直言为人主更应该认清这一点,意思是你现在是储君,以后是皇帝,在识人用人方面一定要有一定的标准。

从这一段谈话我们可以发现,杨士奇思维的确敏捷,较好地回答了太子朱高炽的疑问。另外还可以发现,杨士奇竭力引导太子把时间花在儒家学问和治国之道上,认为人主可以在诗赋上有所作为,但必须向历代圣君学习,而不能仅仅是流于形式,否则不利于治国。杨士奇只是记载了他与太子朱高炽的对话,并没有展现当时的场景以及人物形态,颇为遗憾。但从中可知杨士奇在劝谏太子朱高炽如何看待文辞一事上下了一番苦功,也使太子朱高炽感到满意。

永乐十五年,太子朱高炽在东宫卜筮,专用揲蓍,以《周易》进行释读。《周易》内容庞杂,他便命杨士奇纂六十四卦三百八十四爻,朱氏《本义要旨》为一编。接到此项任务后,杨士奇通过详细周密的考证,很快便完成了,并将成果进呈。太子朱高炽不仅惊奇于成书之速,也很满意书中内容,亲赐书名为《周易直指》。杨士奇之所以迅速完成此项任务,在于他认为:"《周易》固为卜筮作,然文王、周、孔彖象十翼之辞,凡修齐治平为君为臣之道悉具,请编辑以进,用备览阅"。① 可以说杨士奇在教导太子一事上,非常称职。

杨士奇同时也是朱瞻基的老师。朱高炽被立为太子后,朱瞻基旋即成为皇太孙。明成祖特别简选杨士奇、杨荣、金幼孜、黄淮等大臣辅导皇太孙朱瞻基,为其讲解治国之道。

---

① 杨士奇:《三朝圣谕录》卷中,第628页。

2. 杨溥的帝师经历

永乐朝,杨溥被明成祖任命为太子洗马,辅佐太子朱高炽读书。限于文献记载,关于他老师身份的记载无多,但不可否认他对太子朱高炽的辅佐之功,此从朱高炽即位后立即将其从狱中释放并委以重任便可一览。史书记载有他与太子朱高炽谈论汉代张释之一事。

我们先简单交代张释之的生平。张释之,西汉时人。汉文帝时,他捐官出仕为骑郎,十年未得升迁,因向汉文帝陈说秦汉兴亡之道,深得汉文帝之意,先后被晋升为谒者仆射、公车令、中大夫、中郎将、廷尉等职。他任职廷尉期间,严于执法,绝不徇私,即使是皇帝的诏令,只要其与现行法律发生抵触,仍旧遵照法令办事,以执法公正不阿闻名。时人称赞"张释之为廷尉,天下无冤民"。汉景帝即位后,张释之因曾弹劾时为太子的景帝"过司马门不下车",心存忧虑,采用王生的计策,向汉景帝当面谢罪,汉景帝碍于颜面,并没有惩治,但是时隔一年后,将张释之谪为淮南国的国相。为此,司马迁称:"张廷尉事景帝岁余,为淮南王相,犹尚以前过也。"①

在读《汉书》的过程中,太子朱高炽认为张释之非常有才学,是不可多得的人才。太子朱高炽的本意可能是想说臣子应尽职尽责,发挥才能。但是杨溥并没有按照其意思回答诸如"臣定当竭尽所能辅佐太子",而是说:"张释之的确很贤能,但是如果不是汉文帝宽厚仁慈,那么他也无法实现自己的志向。"从张释之的政治行迹来看,确实如此。如果没有汉文帝的赏识,他只能在宦海中终老于一小官,郁郁不得志,何谈一展抱负?何谈青史留名?可以说汉文帝是张释之这匹千里马的伯乐。汉景帝因一己之私,便不顾其才能,不得不说是一个遗憾。

杨溥这个回答一方面肯定了张释之的才能,另一方面其实也在劝诫太子要善待人才,不能因一己之私而不顾国之大事。此外,杨溥并没有停留在

---

① 司马迁:《史记》卷102《张释之冯唐列传》,中华书局,1959年,第2756页。

言语上,他亲自采编汉文帝治国之道,以及当时的君臣关系,进呈给太子朱高炽。当然囿于史书记载的阙如,我们很难评判通过此次谈话,太子朱高炽是否深有体会,但观他不到一年的帝王生涯,他在选贤任能上确实做得比较出色,君臣关系比较融洽。

3. 杨荣的帝师经历

杨荣在永乐朝深受明成祖器重,经常派遣其巡视边务以及扈从出征,与杨士奇、杨溥相比,其帝师身份在一定程度上可能有些弱化,但这并不意味着他没有教授之功。永乐二年,杨荣被授职右春坊右谕德;永乐九年,皇太子朱高炽任命杨荣为文华殿侍读,教导诸皇孙;永乐十二年,明成祖北征瓦拉特,皇太孙侍行,明成祖命杨荣、胡广、金幼孜等人向皇太孙讲析理义;永乐十三年(1415),明成祖征讨瓦剌,皇太孙朱瞻基亦侍行,明成祖命杨荣在行军途中讲解经史。但史书上对这些讲解没有诸如杨士奇、杨溥那般详细的记载。杨荣深受儒家经典学说熏陶,翻阅其文集亦可观其践行儒家学说之记载。以此而论,他在讲说经史时必然是以儒家思想为主。杨荣与杨士奇、杨溥一样,都喜欢用传统的儒家观点来引导太子,将自己的学说思想融合在太子平时的读书学习中,让太子在读书学习中明白治国理政的道理。

其实他们三人都是当时深受儒家治国理念思想影响的典型代表。在杨士奇和杨溥、杨荣的齐心辅佐下,太子朱高炽在监国时期便开始形成了一套和之前的皇帝不同的治理风格——以仁治国,即位之后也一如既往。也正是因为这样,他的庙号被定为"仁",这也是能够直接代表他性格的一个字。

师者,所以传道授业解惑也。杨士奇、杨溥与杨荣教的学生是未来的天子,他们身上的责任也更大。当然,他们没辜负这个国家和自己奉行的儒家思想,培养出了以仁著称的明仁宗和明宣宗,为百姓造福,为大明创造出了一个盛世,这既是皇帝的功绩,也与这些恪尽职守的"帝师"们的努力分不开。

第三节　三杨与皇室内部问题

永乐时期，汉王朱高煦多次谋划夺嫡，但最终失败。明成祖先后将其封地定为云南、青州，然汉王朱高煦皆不愿就藩。永乐十五年（1417），明成祖将其封地改为乐安州，并强硬地命令汉王就藩，汉王朱高煦不得不前往乐安。乐安州隶属济南府，在北京与南京之间，距离北京仅数百里。史载明成祖安排此地为汉王藩地是有一番考虑的，他曾对时为太子的朱高炽言道："乐安距北京数百里，但闻有异谋，可朝发而夕禽也。"[①]汉王朱高煦就藩后并没有收敛，依旧我行我素，扩建王府，增加当地赋税，招兵买马，强迫民丁入伍，时时操练。那么，汉王朱高煦的这些举措，明仁宗知道吗？答案是肯定的，但明仁宗为了兄弟和睦，没有采取强硬措施，希望用怀柔措施令其改过自新。明仁宗曾召汉王入京，提高其俸禄，赏赐无数金银珠宝。但这些举措不仅没有打消汉王朱高煦的不轨之心，反而助长了他的野心。鉴于仁宗即位是既定事实，局面平稳，汉王朱高煦只得隐忍，等待时机。上天很快便赐予其机会。

洪熙元年（1425）五月，明仁宗朱高炽病逝，朱瞻基即位，是为明宣宗。远在乐安州的汉王朱高煦获悉此事后，认为起兵谋反、杀侄夺位的时机已经到来，在蛰伏和蓄谋了数年之久后，此时的朱高煦心中已无其他顾忌，他决定不顾大势，孤注一掷，重现"靖难"。宣德元年（1426）八月，朱高煦起兵谋反，志在夺位。然而他不知在位的明宣宗不是建文帝，朝廷也不是建文帝时

---

① 《明宣宗实录》卷20，宣德元年八月壬戌，第520页。

的朝廷,明成祖北征给仁宗、宣宗留下了一大批精兵猛将和能征惯战之士,且此时天下早已大定,百姓安居乐业,期盼着太平盛世,朱高煦却背道而驰、不顺民心。得知汉王谋反消息后,明宣宗随即下令各地进入战时状态。

明宣宗画像

(藏于北京故宫博物院)

明宣宗召见群臣商讨如何平叛,阳武侯薛禄、英国公张辅主动请缨,一些大臣也奏请明宣宗准奏,但杨荣提出异议。他以建文朝史事为例,"皇上独不见李景隆事乎?"劝谏明宣宗御驾亲征,"今出不意,以天威临之,事无不济"①。因为朱高煦跟随明成祖长年征战,在武将集团中有一定的威望,加之部分武将当时是建议明成祖册立朱高煦为太子的,故而杨荣的担心不无道理。明宣宗深知此点,但认为自己不易轻动,面对杨荣的劝谏,略显犹豫。同时,诸如蹇义、夏原吉等一些文臣也纷纷以建文事为戒,主张明宣宗亲征汉王。在杨荣等人的劝谏下,明宣宗决定御驾亲征。英国公张辅再次奏请

---

① 张廷玉:《明史》卷148《杨荣传》,第4140-4141页。

率军出征,擒获朱高煦。明宣宗说道:"朕任卿一人,足以擒贼。但新即位,小人尚有怀二心者,亦当有以慑服之。朕行决矣。"①在明宣宗看来,此次亲征不仅要及时平乱,更蕴含政治意味,必须以此为契机,稳定自身统治。明宣宗简选杨士奇、杨荣、蹇义、夏原吉、张辅等人扈从。

时隔不到三十年,再次发生藩王叛乱事情,然此次事件与建文朝时完全不一样。明宣宗的大军很快便围困了乐安州,与城内汉王朱高煦对峙。明宣宗命军队层层围困乐安州,时不时进行炮击;同时展开心理战,他给汉王先后写了数封劝降信,又对城中军民言只要捉拿朱高煦便有重赏。面对明宣宗强大的军力与心理战,乐安城内的反叛势力很快便分化了,最终朱高煦致信明宣宗,向其投降,沦为了阶下囚。

在平定朱高煦之乱还师途中,赶来迎驾的户部尚书陈山建议应当趁着士气大振的时机,向彰德进军,俘获赵王朱高燧,这样朝廷就可以一劳永逸了。由于朱高燧向来与朱高煦关系密切,"与汉王高煦谋夺嫡"并不是空穴来风,所以陈山提出了这一建议。杨荣非常赞同,他向明宣宗进言,指出陈山所言乃是国之大计。明宣宗又咨询蹇义与夏原吉,而蹇义与夏原吉揣测明宣宗可能心意已决,遂在此事上没有表态。杨荣建议先派遣使臣前往,指责赵王朱高燧与汉王有共同谋反之罪,随后再派军队擒拿赵王。明宣宗认同此策,令杨荣传旨给杨士奇,命其起草讨伐赵王的诰敕。

然而杨士奇却持不同意见,他认为讨伐赵王必须师出有名,然而现在赵王既无反叛之名,也无反叛之实,征讨赵王实属劳民伤财,"且敕旨以何为辞?"杨荣则固执己见:"这是国家大事,现在汉王朱高煦的同党都已经招供,赵王朱高燧与汉王朱高煦合谋叛乱,这都是人证,怎么能够轻饶赵王,应该立即派兵清剿赵王等叛逆!"但是杨士奇仍指出锦衣卫的审案单并不足以服众。杨荣气恼道:"你不听我的,可以去问蹇义与夏原吉。"杨士奇见状,便立

---

① 《明宣宗实录》卷20,宣德元年八月壬戌,第524页。

马找到了蹇义和夏原吉二人,向二人陈述了不可出兵讨伐赵王的原因,但是蹇、夏二人也有顾虑,他们指出:"万一上从公言,今不行,赵后或有变,如永乐中孟指挥之举,谁任其咎?"杨士奇回答,现在情形与永乐时期完全不同,且赵王的护卫军队也大幅度削减,根本没有能力反叛,如今朝廷应"重尊属,厚待之,有疑则严防之,亦必无虞,而于国体亦正矣"。蹇义和夏原吉听后也觉得很有道理,但是迫于明宣宗特别信任杨荣,他们也无能为力,杨士奇只得再次找杨荣商谈。杨荣仍不同意杨士奇的看法,而此时文武官员要么认可杨荣之建议,要么装聋作哑,唯有杨溥赞同杨士奇之策。杨溥对杨士奇说,我们应立即求见陛下,向其陈明大义。而杨荣知道他们的想法后,抢先一步进宫,并让门卫阻拦杨溥、杨士奇进宫觐见。随后明宣宗再次召见蹇义和夏原吉商量是否出兵征讨赵王,蹇、夏二人仍没有直言,只是将杨士奇的意见奏报给明宣宗,明宣宗甚为不乐,但不知出于何故,他也不再下令移师征讨赵王,班军回朝。在班师回朝的路上,明宣宗颇为疏远杨士奇与杨溥,似是源于他们谏阻其征讨赵王。但明宣宗不是心胸狭窄的帝王。他反复思考征讨赵王是否合理。回京之后,他才明白杨士奇与杨溥等人建议的合理性,于是召见杨士奇,对其提出褒奖,又与之商讨安抚赵王的方案。杨士奇见明宣宗采纳了他的建议,也很高兴,遂建议明宣宗选派广平侯袁容携带玺书前往赵王府进行宣谕,以亲情、国法等向赵王表明立场。事实也证明了杨士奇与杨溥建议的正确性。在得到明宣宗的宣谕后,赵王朱高燧立即献还护卫,上表谢恩。事后,明宣宗也向杨士奇表示感谢,"吾待赵叔不失亲亲之礼,尔有力焉。自今毋以见忤为嫌",并赐其白金、宝楮、文绮。① 在此次是否出兵赵王的问题上,杨士奇与杨溥的坚持避免了一场新的战争。而历经汉王谋反,使明宣宗意识到宗藩制度存在弊端,但又不能废除此项制度,于是

---

① 杨士奇:《三朝圣谕录》卷下,第637页。

谋划如何重构宗藩制度。平定汉王朱高煦谋反后,明宣宗下令禁止宗藩出仕①,掐断宗室子弟参与朝政的机会。明宣宗规定,非皇帝召见,就藩宗室不得随意入京,于是明太祖曾规定的诸王需"每岁朝觐"②,演变为"亲王无入朝者"③。宗室子弟似乎除了定期领取宗禄外,别无权利,这就背离了明太祖分封宗室子嗣的本意。直至明亡,明代宗室对明朝的统治基本上没有起多少作用,反而产生了很大的负面影响。但不管怎样,就宣德时期而言,明宣宗通过恩威并施的手段,震慑了宗室,没有再次引发皇族的动荡,从而上至明宣宗,下至文武百官皆有足够的精力稳定朝局,共创盛世局面。

---

① 陈希美:《乞及时修举以裨治安疏》,施沛:《南京都察院志》卷28,天启刻本,第55页下、56页上。
② 朱元璋:《祖训录·礼仪》,第371页。
③ 张怡:《玉光剑气集》卷1《帝治》,北京:中华书局,2006年,第14页。

第五章
三杨的政治角色扮演

　　杨士奇、杨荣与杨溥虽在建文朝时就已崭露头角，但没有在建文朝政局中发挥实质性作用。前文已说，他们的仕途有两个转折点，一是靖难之役，二是太子朱高炽即位。靖难之役，是朱氏内部纷争，三人选择投靠明成祖，继而完成了仕途的第一次转折；在永乐朝，他们为内阁大学士，参与机务。与太子朱高炽、皇太孙朱瞻基之间的密切关系，促使他们在仁宗朝与宣宗朝走入政治核心圈，在政局中发挥重要作用。本章就以时间为序，讲述三杨在明初政局中扮演的角色以及发挥的作用。

第一节　三杨与永乐政局

三杨中,杨士奇与杨荣最先投靠明成祖;杨溥投靠时间不详,可能是时局已定,顺势而为。在三人中,杨士奇主要负责永乐朝的一些要敕、旨、诏、谕,职责不出阁臣之权;而杨荣与之有较大不同,参与了更多的政务,可能与他率先取得明成祖之信任有关;杨溥主要职责是辅导太子,却因汉王攻讦太子朱高炽受到牵连,而被关押十年之久,可以说他在永乐政局没有多少影响力。

进入南京城,明成祖迫不及待地想要称帝,他的从龙之臣以及依附于他的建文朝旧臣纷纷上表劝进,但明成祖不能这样便登基,必须谦让几次,这也符合我国古代历来的政治传统,即所谓的"三让"。"三让"语出《礼记·礼器》:"三辞三让而至。"刘邦称帝前也有如此一番表演,史载各诸侯王与官员共尊汉王刘邦为帝,"汉王三让,不得已,曰'诸君必以为便,便国家。'甲午,乃即皇帝之位汜水之阳"。① 在三国魏晋南北朝时期,朝代更换频繁,故而频频出现这种现象,吴国景帝孙休、晋武帝司马炎、宋武帝刘裕等人皆在称帝前有此行为。以至于清代史学家赵翼指出:"每代革易之际,以禅让为篡夺者,必有九锡文、三让表、禅位诏册,陈陈相因,遂成一定格式……"②明成祖在谋臣的建议下,也采取此种政治手段。他强调自己起兵是不得已为之,而

---

① 司马迁:《史记》卷8《高祖本纪》,第379页。
② 赵翼:《廿二史札记》卷13《南北史两国交兵不详载》,曹光甫校点,上海古籍出版社,2011年,第235页。

不是蓄谋已久,是响应祖训,为国锄奸。诸宗室亲王、群臣连番奏请,在经过多次推脱之后,明成祖不得不应允,随即准备前往皇宫登基。杨荣虽然较早归附,但当时仅仅是翰林院编修,人微言轻,并且杨荣擅谋略,并没有当众谏言而使明成祖难堪而恼羞成怒;而是在明成祖前往皇宫的路上拦住了明成祖,杨荣讲出了他的想法,"殿下先谒陵乎,先即位乎?"寥寥数语就使得明成祖恍然大悟,马上采纳了杨荣的建言。史书并没有详细叙述这段事情,我们试想一下,当明成祖兴高采烈地前往皇宫称帝,却被人阻拦,心情想必十分糟糕,而杨荣的劝谏必然极具说服力与感染力,否则明成祖怎能"遽趣驾谒陵"?通过这件事情,杨荣"受知"于明成祖,与杨士奇一同被简入内阁。查阅杨士奇与杨荣等人的传记以及他们自己的记述,在永乐朝,杨荣的待遇远超杨士奇以及其他官员。明成祖最初挑选入阁的七人当中,杨荣年龄最少,又最为警敏,在才识胆略方面也有过人之处,故而深得明成祖之宠信,亲赐名"荣"。

此外,杨荣通晓军事,故而明成祖很多军事行动都命其参与,宣召皆以"杨学士"称之。杨荣深知明成祖对他的信任,为保持这种状态,他也知无不言,尽职尽责,史称:"凡制驭远方,饬师旅,抚顺讨逆,虑边将有不能办者,必命荣往图之。荣决机发策,皆适其宜。"杨荣参与的军事事宜如下:

永乐五年(1407),明成祖命杨荣前往甘肃经划军务。杨荣途中遍览所经山川形势,体察军民情形,访查城堡守卫。历经数月还京,将所见所闻奏报给明成祖。明成祖听闻大悦,当时正值盛夏,明成祖为奖励杨荣,亲自剖瓜令杨荣食之。

永乐七年(1409),甘肃总兵官何福奏言蒙古脱脱不花等人请降,脱脱不花等人在亦集乃(今内蒙古额济纳旗)等候明廷政策。经过朝臣商议后,明成祖派遣杨荣前往甘肃,与何福一同受降。随后明成祖又命杨荣持节前往亦集乃,册封何福为宁远侯。路经宁夏,杨荣又与宁阳侯陈懋规划边务。十一月,还京,杨荣上疏言及边境防御数事,明成祖很满意杨荣的奏报内容,下诏褒奖。

永乐八年(1410),明成祖北征本雅失里,命令杨荣、胡广、金幼孜扈从。在北征途中,明成祖亲自挑选精锐士兵三百余人,命杨荣统率,作为亲兵跟随。后明军侦察得知蒙古军队踪迹,明成祖亲率亲兵奔袭,命杨荣跟随。最终与蒙古主力部队相遇,经过激战,明军获得胜利。为使此次追击不贻误战机,军士皆轻装上阵,以至于回师途中军队粮草紧张。正在明成祖不知该如何解决这一问题之时,为稳定军心,保护明成祖的安全,杨荣及时献策。他奏请明成祖一方面将御用粮草散发给士兵,一方面恩准士兵中粮草有多余者可贷给不足者,以解决粮草问题,入塞后,由官方进行赔付。明成祖一一准奏,于是,军中粮食危机得以解决,明成祖胜利班师。

永乐十年(1412),甘肃守臣宋琥上疏指出叛寇老的罕逃到赤斤蒙古(今甘肃玉门市赤金镇),将为边患,奏请即刻派兵平定。明成祖派遣杨荣前往陕西,与丰城侯李彬商讨进兵方略。经过周密访查后,杨荣认为:"隆冬非用兵时,且有罪不过数人,兵未可出。"明成祖甚为认同,遂放弃用兵征讨,改用安抚政策。不久老的罕又重新归降明廷。明成祖采纳杨荣的建议,从而避免了战争,把损失降到了最小。

永乐十二年(1414),明成祖北征瓦剌,杨荣、胡广、金幼孜等人扈从。期间,明成祖命杨荣领尚宝事,掌管宝玺、符牌、印章。凡宣诏出令、旗志符验等事宜,必须得到杨荣的奏请才能发下,也就是这些事宜杨荣必须参与。在行军过程中,针对以往北征出现粮食危机,明成祖专门召见杨荣,咨询此事。杨荣熟知兵事,也知道此事事关北征成败,他遍览历朝经验,认为:"择将屯田,训练有方,耕耨有时,即兵食足矣。"即在边疆地区采用屯田制,战时为兵,闲时为农,兵农合一。这种制度若能很好地落实,可解决军队的粮食问题,明太祖时期便推行过。此次出征,明成祖还令皇太孙朱瞻基随行。途中,令杨荣、金幼孜等人为其讲读儒家经典著作与历朝典故。此次北征,明成祖与瓦剌决战于忽兰忽失温(今蒙古国乌兰巴托附近),瓦剌大败,不得不向明朝称臣。

永乐二十年(1422),明成祖再次北征,杨荣与金幼孜扈从。鉴于杨荣在军事方面的才能,明成祖特命其参与军事事宜的决策,对他的赏赐非常丰厚,远超于其他武将。此次北征,蒙古避而不战,明军未取得实际性战绩,但为了鼓舞士气,明成祖特意举办庆功宴,对从征官员分四等赐宴,特命杨荣与金幼孜位列前席,与公侯大臣一同坐饮。不久,明成祖下诏征讨阿鲁台。为此,有官员奏请调拨建文朝时期江西所集民兵。明成祖犹豫不决,担心民兵不服调配,以及仓促调派会科扰民众,于是征求杨荣的意见。杨荣知晓明成祖的顾虑,回答道:"陛下许民复业且二十年,一旦复征之,非示天下信。"此回答正中明成祖下怀,遂否定了此项奏请。

永乐二十一年(1423),明成祖第四次北征,命杨荣扈从出塞。此次北征,明成祖对杨荣表现了绝对的信赖,所有军务全部委托杨荣处理,且时时召见杨荣,商讨军事。明成祖称呼杨荣为"杨学士",不直呼其名,以示荣宠,此乃绝无仅有的殊荣。

永乐二十二年(1424),因阿鲁台进犯,明成祖决意北征,此是其第五次北征,杨荣扈从。蒙古军队以骑兵为主,机动性强,是冷兵器时代的最强者,且战术亦以骚扰为主,等待敌人疲惫不堪时,方进行围歼。此种作战方式使得明军疲于招架,迟迟不能与蒙古主力部队作战,军心颇为不稳。军队长途跋涉,劳师远征,粮草运输不济,加之军中暴发疾病,士兵死亡者十分之二三,军心涣散。见此情形,明成祖十分焦虑,但又无法亲言撤退,毕竟是其一意北征。而当他询问身边近臣时,武将都没有明确答复,只是说遵照皇帝的旨意,使得明成祖更加愤懑。杨荣与金幼孜深知再继续追击实难支撑,也很难取得战果。或许自身也深感疲惫,或许是猜到了明成祖有撤军的想法,二人建议班师回朝以待日后。明成祖听闻后非常高兴,连忙应允。此次北征也是明成祖最后一次率军,在回师途中,不幸病逝。

明成祖对杨荣的宠信,不仅表现在很多事情上采纳其建议,为其改名,还表现在维护杨荣,甚至在一些事情上包庇杨荣。如永乐十六年(1418),阁臣胡广去世,明成祖任命杨荣掌翰林院事。杨荣性情直爽,不容他人过失,常在明成祖面前斥责其他官员私德有亏,以至于引起外廷文武官员的反感。眼见明成祖对杨荣日加亲密,他们认为再继续下去,杨荣会更加目中无人,于是想要离间明成祖与杨荣的关系。明成祖十分信任杨荣,外廷官员认为可能与杨荣的阁臣身份有关系,便一同上疏推荐杨荣为国子监祭酒,使其不能与明成祖朝夕相见。明成祖也许察觉了他们的动机,对群臣说道:"以杨荣的才能,担任国子监祭酒,绰绰有余,但是没有人能接替他现在的位置,你们能吗?"诸官员见此情形,深知事不可为,乃不敢再言。与杨士奇、杨溥的廉洁不同,杨荣颇习人情世故,为建立良好的社交网络,多次接受乡人与边境官吏的馈赠,明成祖知道此事,也未加责罚。①

与杨荣在永乐朝的风光有所不同,杨士奇更偏重文治。杨士奇是永乐朝中后期文坛大家,不仅是台阁体的引领者,主盟文坛数十年,也是明成祖的笔杆子,当时的一些诏命、敕令皆由其草拟,再由明成祖批准颁布。如永乐二年,杨士奇奉命草拟颁给边将的敕令,明成祖指出:"武臣边将不谙文理,只用直言俗说使之通晓,庶不误事。他日编入实录,却用文。"②再如永乐六年(1408)冬,明成祖巡狩北京,命杨士奇草拟诏书。杨士奇经过认真斟酌后,呈进诏书,明成祖"览之再三,喜曰:简当,更勿改易,其择日书之颁下"③。杨士奇文集《东里别集》中收录了他草拟的诏令,足见其政治地位。

杨士奇与杨荣在永乐政局产生影响力,一是与自身能力有关,二是因其阁臣身份,此时内阁已成为皇帝辅政机构。

一般认为,明成祖时期阁臣所起的作用较少,但是按照明成祖之语"朕与卿等非偏厚,代言之司,机密所寓。况卿六人旦夕在朕左右,勤劳助益,不

---

① 张廷玉:《明史》卷148《杨荣传》,第4138-4140页。
② 杨士奇:《三朝圣谕录》卷上,第622-623页。
③ 杨士奇:《三朝圣谕录》卷上,第624页。

在尚书下"①,我们有理由认为明成祖是较为倚重阁臣的。明成祖由藩王入主大内,在施政方针策略与心态上,都需要一个过渡期,而阁臣很好地起到了咨政作用。如解缙与黄淮经常"立御榻左备顾问,或至夜分,帝就寝,犹赐坐榻前语,机密重务悉预闻"②。永乐时期的阁臣,杨荣与明成祖的关系最为紧密,他也擅长揣摩帝意,史载:"然遇人触帝怒致不测,往往以微言导帝意,辄得解。"

与杨荣、杨士奇在永乐朝的表现不同,杨溥在永乐朝多是辅导太子,以及为他人乐道的在狱中不忘读书之事,对政局并没有产生多少作用。

---

① 余继登:《典故纪闻》卷6,中华书局,1981年,第114页。
② 张廷玉:《明史》卷147《黄淮传》,第4123页。

第二节　三杨与仁宣政局

仁宣时期,杨士奇、杨荣与杨溥三人身处政治核心圈,政治影响力也与日俱增。他们利用自身的政治地位,与两任帝王的密切关系,把自己的政治理想付诸实践,一展自身抱负。仁宣时期也是明代发展的黄金时期,国力昌盛,国强民富。本节主要讲述三杨是如何辅佐明仁宗与明宣宗,共创治世局面的。

一、整顿吏治

吏治得失,自古便是历代王朝治乱盛衰的关键。贤君名臣对此十分关注,多有阐述,尤以《贞观政要》为最。该书记述的是唐太宗君臣之间就有关统治之道的问答,可以说是中国治理思想集大成之作,自问世以来,便备受统治阶级重视。后世的治国理政之道大多未超越该书所述之内容。

大明帝国的开创者朱元璋与他身边的文臣武将,深感元朝对官员过于宽纵,监管方面存在问题,最终因吏治腐败尽丧江山。有鉴于此教训,加上明太祖朱元璋出身农家,对百姓疾苦深有体悟,故在惩治官员贪腐和肃清官场风气上相当严厉,颁布了《御制大诰》等律令,先后严厉办理郭桓案、空印案,以震慑不法官员。建文帝朱允炆继承了这一原则,对吏治问题尤为重视,所以在明太祖、建文帝二朝,明朝政坛风气与官员品行相对清廉,朝臣大多谨慎善言,克己自守。

但自永乐朝起,由于明成祖数次御驾亲征,挥师北上讨伐蒙古势力,无暇顾及后方朝政,加上帝国承平日久,沉疴积弊日益显露,部分官员的贪污腐败之风开始"崭露头角"。明仁宗朱高炽时期和明宣宗朱瞻基统治初期，朝野上下，官员贪污成风，腐败蔓延，吏治问题已成为统治集团亟待处理的难题。面对此等关系王朝治乱兴衰与国运长存的头等大事，杨士奇、杨溥与杨荣三人自是颇有建树。按制，杨士奇、杨荣与杨溥只是秘书机构成员，无权干涉国家政策的制定及其实际运行，但是由于三杨与明仁宗、明宣宗的特殊关系，以及内阁职权的不断扩大，他们已经走入政治核心圈，全面参与国事。他们有丰富的政治经验，又选拔了众多德才兼备、公正廉洁的人才，以惩治贪污腐败之风，净化明初政坛风气，在整顿吏治上作出了自己的努力。

(一)完善选才程序

史家多称赞仁宣时期"吏称其职，政得其平"，究其原因在于明仁宗与明宣宗善于用人。杨士奇、杨荣与杨溥等人在选拔官吏上也作出了不少努力，为明仁宗与明宣宗的盛世增色不少。

明太祖时期，明朝在选官上三途并用，直至仁宣年间，仍是以科举、荐举、吏员三种方式为主。虽是兼收并蓄，但在具体的运作过程中，难免出现各种问题。如科举，明太祖曾寄希望于科举取士，连续三年进行科举考试，但发现录取的士人没有多少实际行政经验，便暂停科举，后又行之。在录取名额上也存在问题，以至于发生了南北榜事件。自宋代以来，南方在文化与经济上全面超越北方，尤其是江浙、江西一带，文风尤盛。在洪武三十年(1397)爆发的南北榜事件起因于考官录取的52名士人全部是南方士子，以至于北方士子一片哗然，认为考官是南方人，所以在录取名额上偏向南方士子。此事经过层层发酵，终上达天听。事关国家选才，明太祖不得不重视，于是选派官员复查科举试卷，但复查结果大体如旧。舆论仍旧没有停歇，反而认为复查官员不公，故意将北方士子中较差的试卷以呈。明太祖大为恼怒，认定其中存在舞弊、相互包庇之情形，就把考官或处以极刑，或发配边疆，又重新阅卷，录取了62名北方士子。明太祖为什么会恼怒，甚难理解。

此次科举的主考官刘三吾,明洪武十八年(1385)73岁时"以文学应聘"入朝,授职左春坊左赞誉、翰林院学士。他是饱学之士,对历朝典故、治国之策深有体悟,明太祖时常向他请教治国理政之策,又命其刊定典章礼制与科举考试三场取士之法。他还曾为御制《大诰》作序。史载刘三吾"为人慷慨,不设城府,自号'坦坦翁'。至临大节,屹乎不可夺"①。目前研究表明,此次科举的主考官刘三吾不存在偏袒南方士子之可能,而明太祖也不是非要贬斥全部考官,制造出南北两榜,只是第一次令人复查时没有达到目的,只得严加惩治,此举实际上是笼络北方士人的一种策略。② 不管存在何种可能,南北榜案说明南北两地在文化上的差异性显著。明太祖于次年去世,无暇顾及此问题。建文帝则忙于削藩,亦是无暇顾及。明成祖虽行科举,但也没有留心此事。虽然没有再次发生类似洪武朝的南北榜案,但南北方在科举事上仍存有较为尖锐的争论。当然除去会试存在南北之争外,明初科举制度还有一些不足,科举舞弊也时有发生,这些都需要君臣予以解决。为此,明仁宗与明宣宗不得不重视科举制度,两位帝王的即位诏中也都强调了要注重选拔官员。

洪熙元年(1425)五月,明仁宗召见杨士奇,对其说:"科举制度的弊端需要革除。"明仁宗说得很笼统,并没有明确指出科举存在哪些弊端。杨士奇也曾多次主持乡试与会试,深知科举制度存在很多弊端,其中急需解决的问题便是录取方式,此问题如若处理不当,很容易再次引发南北士子之争,不利于人才的选拔,更不利于国家后备人才的储备。于是他指出会试录取应兼取南北士子。明仁宗也知道此点,但是他认为北人学问远远不如南人,如此而为,似乎对南方士子不公平。此种观点当然不是明仁宗的偏见,这是自宋代以来一直存在的现象。杨士奇没有否认这一点,但他指出:"自古国家

---

① 张廷玉:《明史》卷137《刘三吾传》,第3942页。
② 靳润成:《从南北榜到南北卷——试论明代的科举取士制度》,《天津师院学报(社会科学版)》,1982年第3期,第55-57页。

兼用南北士,长才大器多出北方,南人有文多浮……"也就是说南北士人各有优缺点,只有兼收并蓄,才能选拔出更为出色的人才为国家服务。明仁宗被杨士奇的言语打动,然知晓录取问题存在已久,实不易解决。明仁宗深知杨士奇的为人,明白杨士奇不可能妄发议论,遂问道:"将如何试之?"杨士奇对这一问题思虑已详,他建议:"试卷例缄其姓名,请今后于外书'南北'二字,如一科取百人,南取六十,北取四十,则南北人才皆入用矣。"听闻后,明仁宗很是赞同,高兴地说:"北士得进,则北方学者亦感发兴起。往年只缘北士无进用者,故怠惰成风。"[①]据学者统计,洪武朝到永乐朝,共录取2792人,南方籍士子有2228人,比例近80%[②],北方士子中进士者非常少。这种情况显然由多种原因造成,但北方士子大多认为是录取规则不公平导致,愈加不热衷科举。明仁宗随即命杨士奇与礼部、吏部两部尚书商议此事。当杨士奇与吏部、礼部尚书商议后,尚未及奏请,明仁宗便去世,只得等到明宣宗时再行决定。

明宣宗即位后,杨士奇再次将科举分区录取的建议进呈。明宣宗阅后,也赞同杨士奇之建议,于宣德二年(1427)会试中推行南北卷制度,南北区域概以六四比例进行录取。随后又根据各区域的差异,增添中卷。

科举录取人数的地域问题,伴随科举考试的确立而诞生,自唐代时便已有争论,但有唐一代,科举录取人数并不多,直到宋代,科举成为士人入仕、朝堂选拔官员的主要途径时,地域因素才真正被世人关注。宋朝最为知名的一次讨论发生于宋英宗年间。宋英宗治平三年(1066),以司马光为首的北方籍官员认为科举考试以经术为主,他们建议应分区域取士,兼顾南北差异;以欧阳修为代表的南方籍官员则主张录取原则应以文辞为主,坚持择优录取、凭才取士。欧阳修认为,在录取总人数不变的情况下,变动录取规则

---

① 杨士奇:《三朝圣谕录》卷中,第636页。
② 陈国生:《明代人物的地理分布研究》,《学术研究》1998年第1期,第56页。

会破坏进士与经学的平衡,增加北方士子录取名额,不仅使南方士子科举之路更加艰难,也会造成北方不合格者入选之情形,而滥取不合格者为官对朝廷也是一大弊害。双方各执己见,不变则南北取士不平衡问题犹存,变也是弊端众多,最后朝廷只能依据成法,未进行变更。据学者研究,宋代南方尤其是东南地区进士及第人数占据压倒性优势。[①] 元代虽行科举制,但统治者并不重视科举,由科举入仕的士子也得不到重视,故而南北之争暂时告一段落。直至明初,这一问题再次出现,并最终得到解决。

　　古代中国,科举考试主要分为乡试、会试、殿试。乡试录取人数分省定配额,大体上是固定的,而会试则完全按照择优录取的原则选拔人才,不分地域。会试录取士子可直接入仕,成为国家官员,因此必须严格取士。择优录取确实做到了在全国范围内选拔出最顶尖的人才,具有一定的公平性与合理性;然它的不公之处亦很明显,即科举考试内容未能体现出各区域的文化差异,如一直被士人所讥讽的南北士子的文化差异导致科举选拔的"一边倒"现象;自宋朝以来,科举已不再只是士子一个人的事情,而成为一个家族的事情,需要投入各种资源以换取产出,各区域的经济文化发展程度不同,中举比例也大有不同,诸如江浙、江西、安徽一带文风鼎盛、经济繁荣,其中式人数远高于北方诸省。长期的区域录取人数失衡对政治稳定会造成消极影响,不利于稳固统治基础。当然分卷的弊端也存在,诸如出现冒籍现象,但分卷从稳定统治基础而言,似更为有利。明代南中北分卷后,南中北录取比例为55∶10∶35,从某种程度而言是会试录取名额的地区分配的相对平衡,使得经济文化发达区域与不发达区域的士子都有希望科举中式,潜在地激励他们认真求学。然为何不增加录取总人数呢?可能是出于避免出现冗官的考虑。

---

① 刘海峰:《科举取才中的南北地域之争》,《中国历史地理论丛》1997年第1期,第157-173页。

杨士奇、杨荣与杨溥三人不仅力图追求科举取士地区名额的相对公平，在考试上也追求公平，毫不徇私。

永乐年间，杨溥曾担任会试考官，使其有可能先行接触考题，在阅卷过程中，也有徇私舞弊的可能。中国古代的科举案很多源于此，但是杨溥却杜绝了这种可能。他有两个弟弟，是年也要参加科举考试，他们知道杨溥担任考官这一消息后，大为高兴，认为自己的机会来了。在考试前，他们来到京城，求见杨溥。杨溥热情款待了他们。在聊天中，他的弟弟们道明了此次前来的目的。杨溥听闻后很生气，斥责了他们，并让他们立刻返回。同时，杨溥写下"高陵清气万古云"，让他们拿回去好好反思。杨溥做到这一点很不容易，万历朝的张居正、申时行等人就曾利用自己内阁首辅的政治地位，嘱托考官给自己子嗣的考卷打高分，与之对比，更可以看出杨溥不假公济私、滥用职权的品性。杨士奇与杨荣也曾多次担任会试、乡试考官，他们都能做到不徇私舞弊，取舍公当。

（二）荐举贤能

除了致力于完善科举程序，杨士奇、杨荣、杨溥等人在完善选拔人才的标准上也有所建树。在正式叙述三杨之功绩时，我们先看一下三杨的胸襟。

1. 三杨的胸襟

古人有云：宰相肚里能撑船。此话不是说宰相肚子大，而是指其宽容大度，心胸宽广，换句话说就是当宰相必须有容人之量。明太祖废除中书省后，明朝就没有了宰相（丞相），但是阁臣在明代被官员视为宰相。那么三杨有容人之量吗？

首先，我们来看看杨士奇的宽宏肚量。

宣德五年（1430）六月，明宣宗早已听闻杨荣家中养有很多宝马，一日心血来潮，宣召杨士奇入宫，向他询问此事。杨士奇知晓明宣宗即位初期很倚重杨荣，现在虽更倚重自己，但也不能没有杨荣的辅佐，且二人所擅长的领域不同,需要互相配合;再者明宣宗所咨询的问题不在于杨荣有多少马匹,而在于马是如何得来的,他不可能不知道。但他为杨荣辩护:"杨荣之所以与边关武将关系良好,主要是因为他在永乐朝时长期跟随先帝北征,先帝又命其掌管军务。如今内阁诸臣中,唯有杨荣一人知道边关将领的才能、边境之远近险易,以及周边民族对我朝的顺逆委曲情形,杨荣通晓边防事务,在安定边关上发挥着不可替代的作用,我等都比不上他的才能。况且,杨荣在内阁,相关制敕都要由皇帝您来决定,又有我们商议,杨荣也不可能专制而行。"杨士奇说完这些后,接着言道:"我与杨荣同朝为官很久了,以前也曾去其马厩看过,只有三五匹马而已,并不多。"明宣宗对杨士奇的回答似乎并不满意,直接指出:"你并不了解实情,杨荣所养马匹大都已售卖,我已经调查清楚了。再者他竟然多次奏请重新起用永乐朝以来调动的军官,我特意咨询兵部,兵部明确指出凡是因罪调动的,祖制规定不能重新起用。"杨士奇仍然为杨荣辩护道:"此事亦未明,但其人尚有他长可用,幸姑容之。"明宣宗笑着说:"此前我要是听从了杨荣的意见,你早已调往他职。如今你还要维护杨荣吗?"杨士奇仍坚定地辩解道:"陛下曲容臣,天地之恩也。臣今日亦愿陛下推天地之量容荣,使之改过自效,此道在陛下今日所当行。"明宣宗听闻杨士奇一席话后,龙颜大悦,对杨士奇赞赏有加且更加敬佩。① 后来,杨荣听闻了此事,内心也感到愧对杨士奇,不再进言诋毁杨士奇。

其次,我们再来看一下杨溥。其胸襟气度从他儿子进京一事上就可以看出。

明英宗时期,杨溥的儿子杨旦从荆州府以省亲为名进京。身为当朝阁臣之子,阁臣又是皇帝近臣,即使身无官职,杨旦依然受到沿途各地地方官员们的热情接待与巴结讨好,以期他在杨溥面前美言。当然也有刚正不阿的官员,不肯巴结他。

---

① 杨士奇:《三朝圣谕录》卷下,第642页。

杨旦到达京城后,对杨溥言道,自己来京城探亲的路上,各地方官员都热情款待,赠予金银,唯独江陵县县令范理不甚礼遇,这明显是不把您放在眼里。杨溥听后若有所思,但并没有因范理怠慢自己的儿子或不愿巴结奉承自己而感到不满,反而深觉江陵县县令是位正直无私、洁廉自好的清官。为了验证其子的言语,他专门派人前往江陵县暗访调查,得知江陵县县令范理果然和他想的一样,是一个清正廉洁颇有民望的好官。旋即,杨溥向明英宗推荐范理为德安知府。① 范理不负期望,在位时政绩突出,后又连续被擢升为福建右布政使、贵州左布政使、南京工部右侍郎。

古代中国有很多官员因为他者招待不周而进行惩治之例。杨溥不仅没有觉得范理的行为是对自己的不敬,反而提拔他,足以见其气量,以及为国家选才用才之心。

最后,我们简单讲一下杨荣。

尽管杨荣在个人作风和性格上颇有争议,但作为一代能臣,他在为政和待人上也有令人称道的一面。杨荣在遇到朝廷官员因触怒皇帝而获罪时,往往会向皇帝进言救护,使他们得以免祸,李时勉、刘观、夏原吉等人都曾受其救护。杨荣喜欢招揽宾客,他虽然已经身居一品,又是皇帝近臣,几朝元老,但对宾客非常热情,从不盛气凌人,因此"士多归心焉"。

三杨的事迹说明他们是真正具有胸襟的人,这是他们能获得史家称赞的重要原因之一,也是他们辅佐帝王打造盛世的基石。韩愈说:"古之君子,其责己也重以周,其待人也轻以约"②,杨士奇、杨荣与杨溥三人的行为皆不同程度地展现了这一品质。

2. 荐举贤才

仁宣时,科举制度不断完善,成为士子入仕与朝廷选拔官员的主要途

---

① 陆容:《菽园杂记》卷7,中华书局,1985年,第81页。
② 钱伯城:《韩愈文集导读》,成都:巴蜀书社,1993年,第77页。

径,但荐举也未被废除,仍是选官的途径之一,以补科举选官之不足。荐举往往是选拔现任官员或者是隐居士人,但受制于多种因素,比如举荐者与被举荐者的关系、被举荐者的范围等,也存在一些不足。针对这些不足,明仁宗与明宣宗都试图弥补,与杨士奇等人商议,不断纠正弊端。

杨士奇、杨荣与杨溥三人在荐举贤能方面同样很出色,因为他们深知人才事关国家大政。杨溥强调人才事关国家安稳,"伏惟古昔帝王为天下计、为子孙万世计,不徒曰土地、人民、兵、府库,而必曰人才为之本"。在怎样荐举贤能上,他们的观点颇为一致,都主张依照德行和才能授予官职,而不是依照资历、血缘、家族,如杨士奇就主张"录取人才一定要先看他的德行,然后才是看才能";杨溥也向明宣宗建议应严格荐举程序,主张举荐唯贤唯德,任人重才避亲,荐举者应"无间戚、疏、新、故,惟贤、不肖以为可否。其有益于国者甚要"①。也就是说荐举者必须公平公正,以国事为重,而不能以荐举为名,结党营私。他们在荐举人才时,真正做到了不任人唯亲。永乐二十二年,明成祖去世,太子朱高炽即位,随即将杨溥释放出狱,委以重任。杨溥的两个弟弟早年期望从他那得到好处以参加科举,却没有如愿。杨溥的两个弟弟在他系狱的十年当中去世,而他们的儿子多次参加乡试而不中,遂前往京师投靠杨溥,期冀后者能给个一官半职。到达京城之后,杨溥追忆与弟弟们的亲情,感慨时光流逝,但依然坚定拒绝以权谋私,没有答应荐举他们为官。

至于被荐举者的范围,三杨也有建言。明仁宗以前,明太祖虽然要求中外大小官员、吏员都可举荐贤才,但是对被举荐者的范围有所限制。仁宣时期,为了精简机构与掌握用人权,虽然缩小了举荐者的范围,但是扩大了被举荐者的范围。宣德七年(1432)二月,明宣宗与杨士奇谈论选拔人才与荐

---

① 陈循:《少保礼部尚书兼武英殿大学士赠太师谥文定杨公墓志铭》,见《湖北石首市杨溥墓》,载《江汉考古》1997年第3期,第50-51页。

举一事。杨士奇说:"今军民中岂无文学才行卓然出众,及有智谋材勇精于武略者?"奏请明宣宗令文武官员仔细审查,举保选用。明宣宗认同此点,同时强调不应拘泥于常例。杨士奇乘机进言道:"唐虞之世,罚弗及嗣。今极刑之家有贤子弟,例不许进用。"潜台词就是说,极刑之家如果子嗣贤德,也应当在被荐举范围之内。由杨士奇之语,明宣宗联想到舜惩治了鲧,却任用其子禹,足可见"圣人至公之心也",因此本朝也可用极刑之家的贤德子弟,遂对杨士奇说:"你在敕谕中明确标注极刑除犯谋反、大逆外,其余犯者其子弟有文学才行,并听举用。"杨士奇高呼陛下圣明,随即草拟敕谕以进呈。三月,明宣宗颁布谕旨,内容即是此次讨论结果。①

在杨士奇、杨荣与杨溥等人的引导下,明仁宗与明宣宗也十分重视荐举,多次颁布诏书以求贤才,虽不能说将贤才全部招揽于朝堂,但确实不拘资格,起用了一大批有才德的官员,今试举几例。

在爱才和荐才上,杨士奇向来表现出色,真可以说是求贤若渴,一旦发现人才,他都会极力推举给朝廷以授职。即使他素未谋面,只要具备才华,一旦被杨士奇发掘,他都会极力推荐。例如洪熙年间,明仁宗向杨士奇咨询,现今隐居山林士人众多,其中有名士吗?杨士奇沉思了一下,说有,吴人陈继便很有才,不应落寞于山野之中。于是明仁宗便任命陈继为国子监博士,旋即又改任翰林院五经博士,入职弘文阁。弘文阁是明仁宗创设的,一般挑选有才学、品行好的官员入职,这些官员不仅向皇帝讲解经纶,也有咨政之职责。由此可见,明仁宗对陈继较为满意。陈继儒学造诣颇深,时人称之为"陈五经"。其父陈汝言坐胡惟庸案而被惩治,故一直未仕。那么杨士奇为何会推荐陈继呢?杨士奇是通过户部尚书夏原吉了解陈继的。夏原吉曾被派往苏、松一带治理水患,偶然获得陈继的文章,详读后,夏原吉认为他很有才华。回京后,夏原吉便把陈继的文章送给杨士奇,杨士奇也认为他确

---

① 杨士奇:《三朝圣谕录》卷下,第 643-644 页。

实很有才华,便向明仁宗推荐陈继为官。

在杨士奇发掘和推举的官员当中,应属于谦最为出众。于谦最初不过是个正七品监察御史,资历较浅,官阶较低。杨士奇发现了于谦的才能,认为他堪当大任,于是向皇帝极力推荐于谦。受到皇帝近臣的推荐,于谦很快受到皇帝的赏识和恩赐,旋即被破格提升为正三品的兵部右侍郎,任河南和山西巡抚。于谦上任后,破除弊政,革故鼎新,史称其"声绩表著,卓然负经世之才"。因为于谦勇于任事,三杨对他愈发看重,史载"三杨在政府,雅重谦。谦所奏,朝上夕报可,皆三杨主持"①。事实证明,三杨识才与惜才的眼光确实独到。当土木堡之变发生,明英宗被俘,明朝社稷危在旦夕之时,满朝文武皆惊慌失措,于谦挺身而出,力挽狂澜,奇迹般地使明朝转危为安。

杨荣虽然在性格上较为激进,他人有一点过失,他便会斥责对方,但在举荐人才上同杨士奇等人一样,具有独到的眼光,也不会拘泥于资历威望,而重视才干与品行。他推举的人才为解决明初诸多问题作出了一定的贡献,其中名声最著者应为周忱。周忱,永乐二年进士,在永乐朝仅为刑部员外郎,近二十年的时间中,始终未得升迁。直至洪熙元年(1425),经户部尚书夏原吉举荐,被明仁宗授职越府长史。宣德五年,杨荣等人认为周忱才能突出,便连番举荐,终被明宣宗授予工部右侍郎一职,巡抚江南,总督税粮事宜。周忱经过改革,有效地改善了江南赋税重的问题,缓解了明朝赋税征收困难的情形。周忱在江浙地区的改革,触动了当地豪强地主以及部分在朝官员的利益,他们相互勾结,攻讦周忱,幸有杨荣、杨士奇等人的维护,改革才能顺利推行。三杨谢世后,因朝中再无人庇护,周忱终被人攻讦罢官,终老于家。与于谦一样,结局甚为可惜!因明宣宗整治官员贪腐问题,杨荣等人认为应先从都察院开始,遂推荐顾佐担任都御史。顾佐上任不到一年,利用刘观案整顿都察院,撤换了大批御史,使都察院在反腐问题上再度担起

---

① 张廷玉:《明史》卷170《于谦传》,第4544页。

重任。

三杨推荐的官员不止上述数人,还有很多。左都御史吴讷、吏部尚书王直、南京礼部尚书王英、礼部侍郎钱习礼、侍讲学士周叙、翰林院典籍沈度、翰林院编修李永思等人皆是三杨所荐举,他们在朝为官皆有政绩。荐举人才不仅考验举荐者的识人之才,也考验他们是否能坚守原则。明仁宗曾指出历年荐举者多存有私心,"或以贿赂举,或以亲故举,所得实用,十不三四,政事何由而理,生民何由而安?"①以此而论,三杨则很好地完成了这一使命,又尤以杨士奇为最。曾任吏部尚书一职的王直认为杨士奇常常扶持君子,"所举贤才,列于中外者五十余人,皆能正己恤民"②。

(三)整顿官场风气

1. 完善官员考察制度

完善官员选拔制度、积极荐举人才只是治国的一个方面,三杨深知既要选拔才德兼备之人入仕为官,也要时时考察现任官员,以裁汰不称职者,整顿风纪。杨溥建议建立健全考察官吏的制度,坚持从严从细,主张施行不定期的考察考核制度。在三杨的建议下,明仁宗与明宣宗也极为重视对官员的考核。永乐二十二年八月,明仁宗谕令吏部裁汰冗官,他指出:"古称官不必备,惟其人。今过冗矣。且贤否廉污混淆无别,廉污无别廉者之心或怠,君子小人并处则小人之势常胜。且老病昏懦之人在位,徒縻廪禄,何裨政理。其在内诸司令堂上正官,在外令巡按监察御史及按察司,明公廉察,凡贤材者留,其贪刻庸鄙及老疾者悉送吏部罢之,自今吏部宜精选勿滥。"③

三杨对那些贪污腐败、为害地方、阻碍政令的官员丝毫不加庇护,都奏闻朝廷,罢黜官职;而对那些浮职闲散的冗官则加以裁汰,力求精简官僚机

---

① 《明仁宗实录》卷3下,永乐二十二年十月乙卯,第113页。
② 王直:《抑庵文集》卷11《少师泰和杨公传》,景印文渊阁四库全书第1241册,第252页。
③ 《明仁宗实录》卷1下,永乐二十二年八月甲子,第30页。

构,提高办事效率,使政令畅通。如明仁宗多次颁布减免赋税的诏令,但户部尚书郭资出于一些原因,没有推行减税政策,阻碍了朝廷政令的下达。蹇义与夏原吉曾奏请明仁宗令郭资致仕,但明仁宗念于故旧,未听从。时杨士奇再言郭资之不足,指出不令其致仕,仁政便无法推行。最终明仁宗应允了杨士奇等人的奏请,令郭资以太子太师的身份荣誉致仕。① 宣德八年(1433),三杨奏准裁汰京师冗官七十余员。② 对吏员问题,三杨也有所关注。京城内外各衙门机构在执行政务过程中,不可避免地依靠吏员,但吏员门槛较低,以至于出现了很多问题。对此,杨士奇向明宣宗奏请:"年来吏员太冗,其间多有昏昧愚劣不通文理,今后请令六部、都察院、翰林院会同考试选用。"明宣宗批准其请,加大对吏员的考核。③ 这也足见三杨等人在整顿吏治问题上的决心和态度。

2. 反腐倡廉

众所周知,明太祖起自草根阶层,亲见民众生活之艰辛,官员之淫奢骄纵。建立明朝后,明太祖严厉打击官员队伍中的腐败分子,某种意义上来说,明太祖开展了古代中国历史上规模最大、程度最严的反腐肃贪运动,这与他的"重典治国"思想密切相关。但即使如明太祖般的反腐倡廉,也没有从根本上肃清官员群体的腐败因子。明仁宗在位期间,崇尚宽仁政策,对官员管敕较为宽松,以至于部分官员堕落。仁宣时期,承平既久,官员腐败问题愈演愈烈。

洪熙元年六月,朱瞻基即位,是为明宣宗。明宣宗继承了父亲朱高炽治国理政的思想,重视任用三杨等贤臣,对吏治问题格外重视。在平定朱高煦和朱高燧叛乱后,明宣宗着手任用三杨、蹇义、夏原吉等朝廷重臣整治吏治,

---

① 杨士奇:《三朝圣谕录》卷中,第630页。
② 夏燮:《明通鉴》卷21,宣德八年八月,第892-893页。
③ 杨士奇:《三朝圣谕录》卷下,第644页。

而反腐则是亟待解决的问题。

  宣德三年(1428)一日早朝后,明宣宗特召杨士奇、杨荣到文华门,向二人询问:"京师端本澄源之地,先帝朝从未发生官员贪腐情形,但为什么近年来,官员上下贪浊成风?"对这一问题,杨士奇与杨荣实不易回答。杨士奇谨慎地回答道:"贪腐现象自古就有,本朝在永乐末年以来就已存在官员贪腐问题,只是到如今最为严重!"明宣宗接着问永乐朝的贪腐情形。明成祖与明仁宗之间的关系一般,但是明成祖甚为喜爱明宣宗。杨士奇说永乐朝就出现贪腐问题,宣宗朝最为严重,实为艰难。然事已如此,杨士奇只得接着说:"永乐十五六年以后,太宗有疾多不出,导致扈从之臣放肆无顾忌,请托贿赂,公行无忌。此事已彻九重,但未举发。"杨士奇的回复很高明,他指出当时扈从官员贪腐,是因为明成祖多病,对待贪腐一事力不从心。明宣宗对杨士奇的回答比较满意,没有在这一问题继续纠缠。明宣宗或多或少知晓杨士奇、杨荣等人也曾收受他人之物,他们历经三朝,在朝野中人脉极广,对朝事知之甚详,便追问如今朝臣中谁是最大的贪官。杨士奇为人谨慎,对自己要求甚高,也能宽宥他人之过,但是杨荣与其相反,不能容人过。杨荣毫不犹豫地说出了刘观的名字。在人选问题上,杨士奇与杨荣的见解一致,他指出:"风宪所以警肃百僚,宪长如此,则不肖御史皆效之。不肖御史差出四方,则不肖有司皆效之。"①

  都察院原本是明太祖朱元璋所设的专门的监察机构,都察院御史虽官居七品,但权力极大,在中央可以弹劾重臣,在地方更可督查官吏。设立之初,对反腐简洁高效。但随着时间发展,制度本身的问题也逐渐显现:御史们可以监察百官,但没人来监督御史,渐渐贪官污吏们也摸清了门道,开始贿赂和巴结御史,官场风气由此逐渐恶劣,到宣德年间更是发展成御史直接向官员索贿。刘观是当时都察院的左都御史,也就是都察院的长官。他历

---

① 杨士奇:《三朝圣谕录》卷下,第639页。

仕五朝，位高权重，资历极深。在洪武年间，刘观为官还算清正廉洁，有些政绩，但到永乐年间，刘观开始收受贿赂，侵吞公银，仁宣年间变本加厉。

杨士奇与杨荣并没有直言贪腐问题在某种程度和皇帝理政有关系，而是将问题定在刘观身上，借此整顿吏治，也是不得已为之，也可以说是极为高明。听了杨士奇与杨荣的回答，明宣宗认为要想根除贪腐必须正本。那么谁能接任都察院都御史一职呢？思量再三，杨士奇与杨荣一同举荐顾佐担任都御史，认为他能"防禁下吏，政清弊革"。明宣宗听取他们建议，先是借故贬刘观去督察河南道，任命顾佐为右都御史，赐玺书，令其考黜不称职的官员，洗涤官场贪腐积弊。顾佐上任后，没有辜负杨士奇与杨荣的举荐，立即着手整顿都察院，罢斥了二十余名不称职的御史，罪行恶劣者奏请发配辽东以示惩戒。官场风气为之一变。

都察院作为监管朝廷风纪之所，对维持官场风气十分重要。宣德十年（1435），杨士奇、杨荣等人再度进谏，对都察院御史选拔制度进行改革，奏请在选任御史时，要实行连坐制，由都察院拟定名单，写明该人具体事迹，然后交付吏部审核，一旦该御史出现不称职情形，荐举人和审核人都要承担责任。这样一来，都察院在监察百官外，也要受到吏部的制衡，这很大程度上有利于保持都察院的廉洁。

但明宣宗与三杨并不是想仅仅处罚刘观一人，也并非想仅整顿都察院一个机构，他们想要清理的是整个王朝日益腐败的吏治体系，这就需要都察院监察朝野百官，就需要自身廉洁，有公信力。此外，不仅要严格选拔御史，更要完善整个官员体系的选拔程序，这样才能打击贪腐，防患于未然。

杨士奇等人提倡节俭，不仅在个人私生活方面如是，在国家大政方面也力行节俭政策。永乐年间，郑和六下西洋，宣扬了国威，但由于下西洋政治目的较强，给国家带来了沉重的经济负担。明仁宗即位后，杨士奇等人奏请停止下西洋，同时奏请废除一些劳民伤财的岁贡，明仁宗一一应允。

3. 倡导直言规谏

整顿官员中的问题只是发挥官员功能的一个步骤,帝王必须为官员创造有利的政治环境。广开言路,虚心纳谏,可以说是君主治国理政必不可少的一大利器,历朝君王都意识到其重要性,群臣奏折也无一不提及此。但群臣有直言进谏之心,君王若没有虚心纳谏之意,则会形成万马齐喑、溜须拍马之情形。提起古代中国君臣关系融洽的组合,估计很多人会联想到唐太宗与魏徵这对政治组合。魏徵以直言进谏闻名,唐太宗则以虚心纳谏为后世君王所景仰。古代中国,做到这一点的帝王很少。魏徵死后,唐太宗感慨道:"今魏徵殂逝,遂亡一镜矣。"[①]明初,有很多官员因直言进谏而招致贬斥,甚至杀身之祸。洪武朝,明太祖多次鼓励群臣平民可"直至御前奏闻",但即使如此,被他惩治的言官也不在少数,较为知名的是谏阻实行分封制的叶伯居。明成祖即位后,知道自己得位方式并不正,加之有建文朝遗臣的存在,多任用酷吏与东厂来维护自己的地位,出现了任人唯亲的情形。言路不通畅使君王难以知道自身的失误之处,根本上不利于统治;官员则没有了参政议政的激情。明仁宗与明宣宗统治期间,则有效地扭转了太祖朝与永乐朝时期的弊政,其中三杨的努力不可忽视。明仁宗与明宣宗的即位诏书都是杨士奇所拟,诏书中多强调广开言路,这既可以看作是两任帝王对言路的重视,也是杨士奇对他们的一种劝谏。早在太子监国时,杨溥就借太子朱高炽询问张释之一事,专门编纂汉文帝治国理政、虚心纳谏之事,呈献给其观览。

永乐二十二年八月,太子朱高炽登基即位。他在监国期间已深知吏治问题的根源,但苦于自身并不得宠,处处受制,故而只能小幅度地调整。他即位后,便一展其抱负。明仁宗虽然在位仅一载,但在治国理政上尤为重视褒奖忠良,革清吏治,鼓励谏言,希望能整顿贪污腐化之风,重整吏治。此外,他还赐予杨士奇、杨荣等人"绳愆纠缪"银章,以鼓励三杨直言规谏。洪

---

① 刘昫:《旧唐书》卷71《魏徵传》,中华书局,1979年。

熙元年,明仁宗对杨士奇等人说:"为君以受直言为贤,为臣以能直言为贤。不受直言则过益增,不能直言则忠不尽。"要他们不必担心因进谏而忤逆自己。① 有感于明仁宗的信任,杨溥、杨士奇等人先后密疏言事,规劝明仁宗,欲成"唐虞之君",共成"王道之美"。

官员直言进谏是帝王知晓并改正朝政得失的利器,君主往往下诏求言,但是否真正能够接受群臣谏言则是难题,也是整顿吏治的关键。针对朝臣有时因直言规谏而被治罪的情况,三杨也尽力维护。例如洪熙元年,大理寺少卿弋谦一事。因明仁宗下诏求言,而弋谦数次上疏言事,不知何故,明仁宗对此颇为厌烦。尚书吕震、吴中,以及都御史刘观、侍郎吴廷用等官员看出明仁宗之心思,故相继上疏弹劾弋谦上疏的本意是卖直沽名。明仁宗有意惩治弋谦,于是召见杨士奇,谈及此事,说弋谦实在过分,他的行为也超出了职权范围,意在令杨士奇起草诏书。杨士奇业已知晓明仁宗的态度以及朝内局势,但是他没有迎合明仁宗之意,反而劝谏道:"弋谦确实不识大体,但是他是有感于陛下超擢之恩,为了报答皇帝的恩赏,所以才直言进谏。古人有言:'主圣则臣直。'希望陛下您容纳弋谦,否则进言者将惧矣,不再直言。"明仁宗考虑再三,认为杨士奇说得有理,便决定不惩治弋谦,但是心中对弋谦还是气恼,在上朝时往往在言语中表现出来。看到明仁宗并没有释怀,杨士奇专门向明仁宗奏言:"陛下才下诏宣布希望群臣多多进言,并说言不当者无罪,弋谦确实有不妥的发言,惹皇上生气,但不应治罪。现在这几天大家都很担心,相互劝告不要进言。现在朝臣和地方官员都在传皇上不能容忍直言而把弋谦治罪的事情,实在有损朝廷的名誉。"明仁宗听后说:"我以后不再讨论弋谦一事。"然而明仁宗所说的不讨论是持眼不见心不烦之考虑,他下令不让弋谦参与朝会,命其专意在大理寺中办公。明仁宗原以为如此就会打消群臣的顾虑,但此举起到了相反的作用。自那一个月以来,

---

① 《明仁宗实录》卷6上,洪熙元年正月癸酉,第195-196页。

文武百官上疏言事的越来越少。为此,明仁宗专门召见杨士奇,对他说道:"尔料事不虚。自免弋谦朝,言者不至,岂果无事可言?"杨士奇则说:"臣下孰不欲进言纳忠?惟在上宽容以来之。"明仁宗解释:"我并不是恼怒弋谦言事,而是他的言语言过其实,你向群臣宣谕我的本意,打消他们的疑虑。"杨士奇说:"我相信陛下您的初衷。但是此非臣言所能使之信,必得玺书亲谕之,乃见圣德之实。"明仁宗认为杨士奇的建议合理,便让杨士奇草拟敕书,承认自己的不当,下令弋谦参与朝会,不再追究他的过失,并号召百官进言,不要担心被治罪,并对杨士奇说:"朕有过不难于改,虽一时不能容,然终知悔。尔知朕心,无吝于言也。"①杨士奇与明仁宗之间的关系较为特殊,如此他才能直言不讳,直言明仁宗之过,而明仁宗也认真听取了杨士奇的建议,最终改过,朝臣方继续直言进谏。

宣德四年(1429)正月,明宣宗有感于言路不通,将杨溥召至宫内,与其讨论此事。明宣宗说:"沧海之大,皆由江河之助。古之君臣更相戒饬,所以克致太平,号称明良。若为君者不资于臣,为臣者不赞辅其君,欲求善治未之有也。"明宣宗充分意识到群臣进谏的重要性,太平盛世的缔造需要君臣共同努力,故而多次下诏求言,也取得不错的效果。但随着政局的不断稳定,明宣宗开始沉迷于享乐,而群臣见明宣宗沉醉于盛世表象,也不敢多言劝其居安思危。也许明宣宗并未意识到是他的言行导致群臣不再直言进谏,对杨溥困惑地表示:"近来群臣往往只歌功颂德,进奉承之言,让朕听得厌烦不已。你应以此为鉴,尽心辅佐。"杨溥回答:"我深受国恩,皇帝您充分信任我,我怎能不尽忠职守呢?"然明宣宗想了想,继续说道:"你只要觉得我有过失,便直言进谏,这就是对我最大的回报。"杨溥亦早已觉得明宣宗失去了往昔虚心纳谏的风范,便乘机答道:"自古直言非难,而容受直言为难。陛

---

① 杨士奇:《三朝圣谕录》卷中,第634-635页。

下愿闻心言,如此臣等敢不尽心。"①也就是说想令群臣直言纳谏非常容易,我们也乐于直言不讳,但是陛下您是否能欣然接受呢?只要您能够欣然接受我们的直言,是真心想要我们直言进谏,我们又怎能不如此呢?杨溥的话从某种程度来说,可以看作大逆不道之语,直指群臣不敢直言进谏是皇帝的问题,但考虑到当时的语境,又可以说是非常机警的。听闻后,明宣宗深有感触。杨士奇也曾对明仁宗指出只有人主圣明,才会有直臣坦陈朝政之得失。即使明仁宗与明宣宗是古代中国较为仁德的皇帝,善于纳谏,但也会因为不喜官员进谏内容而恼怒。李时勉便因奏疏事得罪明仁宗与明宣宗,幸有杨荣的劝阻,得以不死。

　　当然直言并不皆意味着有益于国事,有的官员或出于求名,或攻讦同僚,而上疏言事,尤其是后者,对朝堂局势的影响非常大。自永乐朝以来,为加强皇权专制,抑制群臣结党,打击异己分子,帝王多推行鼓励官员之间相互讦告的举措,这就使得文武百官人人自危,反而滋生了群臣间朋党勾结、互相攻讦的不当之风。至明仁宗时期,此种现象仍然存在。洪熙元年二月,杨士奇上疏明仁宗,指出群臣间相互讦告的风气实在有害国家,讦告导致官员动不动就诽谤别人,使他人及其家人无辜受害,恳请皇上下旨废止这一举措。② 明仁宗认同了杨士奇的观点,下诏让三法司以后不再对未经查实的被控告者进行拷问和治罪。

　　杨士奇、杨溥等人的相关努力,使明仁宗与明宣宗敢于正视群臣直言进谏一事,群臣也不再惧怕讦告之害和因直言获罪,有利于后续整顿吏治措施的推行。

　　同时,三杨非常爱才,当一些才德兼备的官员因为一些原因而受到皇帝贬斥时,他们尽力救护。永乐朝,御史李祥、舒仲成曾奉敕清理木植税课之

---

① 《明宣宗实录》卷50,宣德四年正月己巳,第1207-1208页。
② 杨士奇:《三朝圣谕录》卷中,第633页。

弊端,此事牵扯出赞善王汝玉,而王汝玉是太子朱高炽所宠信之人,时逢太子监国,因命李祥等在奏疏中删除王汝玉之名,然李、舒二人认为万一此事被明成祖知道,"得罪反重",遂拒绝太子朱高炽之令旨。此举使太子朱高炽颇为恼怒,久久不能释怀。其即位后,尚书蹇义似与舒仲成等人有矛盾,得知明仁宗未释怀此事,便乘机上疏指出舒仲成的一些过失。明仁宗本已记恨舒仲成,一听蹇义提及,立即命都察院捕治他。时舒仲成已担任湖广按察副使,李祥丁母忧离职。杨荣和杨士奇获悉此事后,立马进宫觐见明仁宗:"陛下监国时期,有很多官员得罪过陛下,现在陛下即位,皆已下诏宽恕,现今又要追究前事,这表明陛下您言而无信啊。"杨士奇又上疏,以汉文帝与卫绾事言之。明仁宗览后,深感有理,于是下令免去对舒仲成的处罚,又赐予杨士奇米及钞币以示奖励,并高兴地说:"有卿尽心如此,朕复何忧?"①

再如大理寺卿虞谦被贬事件。虞谦历任洪武、建文、永乐、洪熙、宣德五朝。在洪熙朝,他应诏言事。此事实属正常。虞谦为人正直,曾得罪一些官员。适逢有侍臣对明仁宗说虞谦所言之事应私下奏请,而不应在朝堂之上公开奏请,其所为是为卖直求名;又说大理寺属官杨时习曾劝导虞谦密陈,却被其拒绝。明仁宗被近臣迷惑,没有详细调查,就下旨降虞谦为大理少卿,升杨时习为大理寺卿。杨士奇得知此事后,单独觐见明仁宗。明仁宗猜到了杨士奇的意图,于是说道:"我也颇为后悔此事处理过于草率。"杨士奇答道:"陛下圣明,虞谦乃三朝元老大臣,办事一直谨慎得体,况且虞谦所犯仅仅是小过失。"明仁宗便免除对虞谦的处罚,恢复其大理寺卿的职位。

杨士奇、杨荣与杨溥三人尽忠职守,凭借与明仁宗、明宣宗的特殊关系,勇于任事;而明仁宗与明宣宗也确为贤君,有不当之举,亦往往改之。在君臣的共同努力下,仁宣之时,君臣关系出现了历史上难得的融洽情形,君为

---

① 杨士奇:《三朝圣谕录》卷中,第633页。

臣想,臣为君谋,"君使臣以礼,臣事君以忠"①。

二、关注民生

国内外史学界虽多认为古代中国是专制社会,是以统治阶级为核心的社会,民众受到统治阶级与豪强地主的压迫,但不能否认,古代中国也有重民之政策。早在先秦时期,民本思想便已产生,如西周时期的敬天保民思想。当然最为著名的论述莫过于孟子的"民为贵,社稷次之,君为轻"②,以及荀子的"天之生民,非为君也;天之立君,以为民也"③。历朝历代的帝王、官员与士大夫都在关注民生问题,他们知道只有民众安稳,国家才能稳定发展。经过千余年的发展,经过历代帝王、官员与有识之士的发展,民本思想逐渐系统化,演变成为国家治理思想的一部分。笼统地说,古代中国的民本思想的内涵大概可以分为重民、养民、富民、教民。从某种角度来说,重民思想是传统民本思想中的核心内容,强调民众在国家中的地位,也就是"水能载舟,亦能覆舟"。统治阶级重民不能只存在于口号之中,必须落实,那自然要养民,也就是"使老有所终,壮有所用,幼有所长,鳏寡孤独废疾者,皆有所养"④。养民只是第一步,满足民众的基本生活需求之后,必须做到富民,使民众有追求富裕的权利与可能。富民又是富国的基础。民众富裕了,就可以谈论教化了,即所谓的"仓廪实而知礼节,衣食足而知荣辱"。

经过千余年的实践与总结,至明代,传统民本思想在继承前代思想基础之余,又有所创新发展。明代开国君主明太祖朱元璋出身农民,深知民众疾苦,故而更加重视民生问题。明初的几位帝王沿着明太祖朱元璋的执政轨迹,继续推行有利于民生的政策。民本思想成为他们治国理政的价值取向,

---

① 杨伯峻:《论语译注》卷3《八佾篇》,古籍出版社,1958年,第32页。
② 朱熹注,王浩整理:《四书集注·孟子集注》,凤凰出版社,2005年,第389页。
③ 梁启雄:《荀子简释》卷23《大略》,中华书局,1983年,第376页。
④ 朱彬:《礼记训纂》卷9《礼运第九》,中华书局,1996年,第231-232页。

并以此为治国的基本出发点。明初的一些著名官员也起自平民,如杨士奇、杨溥、杨荣等人,在入仕前,有着丰富的社会阅历,深知地方官员的好坏直接影响民生。在他们的合力下,明初的民生问题得到了较好的解决。本节讲述三杨如何辅佐明仁宗与明宣宗推行有利于民生的政策。

(一)严格挑选地方官员

在官僚体系中,地方州县官员与民众联系最为密切,故有父母官之称呼。地方官员如知府、知县负责所管辖区域的政治、经济、法律等所有事务,其中与民众关系最密切的是赋役、赈灾、恤民等问题。他们的政治行为直接关系到民众的日常生活,进一步关系到国家的稳定,从这个角度来说,他们虽然职位不高,但责任甚大。明太祖朱元璋就强调:"百姓安否在守令。"①明成祖则更为直白地对官员说:"君国之道以民为本,故设官分职简贤用能,惟求安民而已。为臣能体其君爱民之心,推而行之,斯天下之民举得其所。……察其饥寒,体其劳勤,为之除害兴利,教之务本业孝悌忠信尊君亲上,敦行礼义,无作衍非,庶克永享太平之福。……夫文官之禄皆出于民。……能推仁恤之心,盖亦报劳之意。"②明仁宗朱高炽也指出:"庶官贤否,军民休戚之所系。"③明宣宗朱瞻基认为:"一邑得人则一邑安。"④他们意识到守令的重要性,因此,都非常重视地方官员的选拔。三杨作为当时政治核心人物,虽不实际处理地方政务,但可参与各项政务。加之他们深受儒家传统思想的熏陶,也十分注重民生问题,而地方官员的选拔与贤否也是他们重点考虑的。

明太祖时期,在各地方推行常平仓、预备仓,存储稻麦以应对不时之需。但承平既久,加之没有出现较大的灾害,部分地方官员不热衷此事,以至于

---

① 《明太祖实录》卷28下,吴元年十二月庚午,第473页。
② 《明太宗实录》卷87,永乐七年正月丙午,第1151页。
③ 《明仁宗实录》卷5上,永乐二十二年十二月辛亥,第165页。
④ 余继登:《典故纪闻》卷9,第152页。

仓储空乏。针对此种现象,杨溥特意上疏言及此事。他指出"南方官仓储谷,十处九空,甚者谷既全无,仓亦无存",连滨江近河圩田堤岸也废弃不少,出现这种情况的原因在于守令不得其人,"大抵亲民之官,得人则百废举,不得其人则百弊。兴,此固守令之责;若养民之务,风宪之臣皆所当问"。杨溥并未局限于指出问题,他的目的是解决问题。故而他认为应恢复洪武旧制,贯彻防患于未然的仓储之事,敕令地方府、州、县官严格遵行民生政策,并以这些作为地方官员的考察内容。① 杨士奇也意识到此项弊端,奏请明宣宗:"郡县官考满给由,令开报境内四仓储谷及任内修筑陂塘堤岸实数,吏部查理计其治绩以定殿最。各按察司分巡官及直隶巡按御史所历州县,并要取看四仓实储谷数及陂塘堤岸有无损坏修理实迹。岁终奏闻,以凭查考。如有仍前欺弊怠事者,亦具奏罪之。若所巡历之处仍前不问不理或所奏扶同不实,从本衙门堂上正官纠劾奏闻,庶几官有实绩,荒岁人民不致狼狈。"也就是将这些举措作为考核地方官员的重要内容。② 三杨的建议甚为合理,最终得以推行,在一定程度上扭转了地方仓储问题,也激励地方官员尽忠职守。

当然仅是严加考核是不够的,虽然亡羊补牢为时未晚,但出现过失,总会带来一些负面影响,应防患于未然。于是三杨与明仁宗、明宣宗更加注重挑选合格的守令。严格选拔官员的程序与对官员进行考核,目的无外乎有二,一是令官员以及天下士子忠诚于皇帝与国家,二是辅佐皇帝统治管理国家子民。即"朝廷众建有司,不过抚百姓,与民衽席,奸则锄之,良则安之,此其职也"③。"皇矣上帝,生此烝民,无计举安,乃作之君。独里难周,张官置

---

① 杨溥:《预备仓奏》,陈子龙等编:《皇明经世文编》卷27,第199页。
② 杨士奇:《东里别集》卷3《奏对录·论荒政》,景印文渊阁四库全书1239册,第653页。
③ 黄尊素:《黄忠端公集》文略卷3《与宁国乡绅公书》,四库禁毁书丛刊集部第185册,第49-50页。

吏,布之寰区,期于博济"①。

宣德七年(1432)二月,明宣宗召杨士奇至文华殿,与之谈起几年前推行宽恤事。杨士奇指出当时颁布的官田减租额没有实行,户部仍按照旧额追征。明宣宗甚为恼怒,命杨士奇想办法解决。在指出户部沿袭旧例后,杨士奇认为民众的怨愤皆是由相关衙门的贪污暴虐所致,这个应由御史进行巡查,同时地方官员也应重点考虑。杨士奇认为近年来地方守令的任命有所失误,"方面郡守皆是要职,吏部往往循资升授,不免愚良混进。请令吏部自今方面郡守有阙,令京官三品以上及布政、按察荐举,务取廉公、端厚、识大体、能为国为民者,仍属吏部审其所保,果可用,然后奏闻,量授以官。后犯赃罪,并坐举者。又请令法司,凡保举授官,有人指告其罪者,必先取问干证明白,然后奏闻,请旨提对,庶几不为小人诬陷。"②杨士奇意识到地方守令是非常重要的职位,在选取时要非常慎重,不能按资历任命,应着重考察其是否合格。明宣宗听闻后,非常认同杨士奇的建议,又对杨士奇说吏部在选取县令人选上也应慎重,不能草率。明宣宗与杨士奇的此次谈话非常愉快,君臣也达成一致意见,明宣宗遂令杨士奇起草诏令,三月,相关诏令便颁布全国。

三杨不仅建议吏部在选取地方官员时要听取其他机构的意见,相关品级的官员也可以推荐人选,他们也积极践行这一想法,荐举合格的人选担任地方官员,如周忱、况钟、薛宣等,他们都青史留名。《明史·循吏传》中记载的从明初到明末的循吏一百二十人,在仁宣时期任职的就占了半数之多,而其中许多人就是三杨所举荐的。"循吏传"是司马迁在《史记》中首创,遂为后世因袭,直到《清史稿》中仍有循吏传。循吏意指好官,特指那些重农宣教、清正廉洁、为民造福的地方官员。

---

① 吕坤:《去伪斋文集》卷7《振扬风纪箴》,见《吕坤全集》上册,中华书局,2008年,第406页。
② 杨士奇:《三朝圣谕录》卷下,第643页。

永乐朝,由于明成祖连年对外用兵,修建北京城,造成国家财政困难。仁宣时期,力图休养生息,缓解统治危机。虽然起到一定的积极作用,但鉴于国家版图广阔,政策落实上也存在一定的滞后性,矛盾依旧较为尖锐。仁宣两朝,国家财政经常出现亏空,各地欠税问题严重,尤以东南各省为甚,单苏州一郡,曾一年就拖欠税粮八百万石。东南各省又是明朝财政收入的主要来源地,因此急需朝廷派遣官吏前往解决。但此事从根本上说,还是因明太祖朱元璋憎恨江南人士支持张士诚,而设立了重税制度,从而导致民众逃亡现象严重,土地荒芜。鉴于祖制,许多官员束手无策。针对这一问题,仁宣二帝日夜难眠,令群臣思索解决之法。最终杨荣向明宣宗举荐周忱。在此之前,周忱仅为七品职位,默默无名。此番受到杨荣的推荐,而明宣宗又十分信任杨荣,而对周忱予以重任。宣德五年,明宣宗任命周忱为工部右侍郎,"巡抚江南诸府",总督税粮。周忱上任后,认为如要解决国家财政危机,必须先解决江南赋税问题。经过屡次失败,在三杨的支持下,周忱对征收的具体细节进行调整。赋税分为田赋和损耗,虽然田赋不能减少,但可以在损耗上进行变动。周忱下令有钱的多交,没钱的少交,这样一般贫民的赋税负担便得以减轻,税收效率也提高了,这就是著名的"平米法"。在周忱的调整下,江南赋税问题得以缓解。而后周忱又在正统年间首创"金花银"制度,也就是把应交的粮食,部分折合成银两征收,此举也顺应了江南商品经济发展的潮流。江南民众对周忱甚是眷恋,每当其任期满要调走之时,便会挽留,最终周忱在江南任职达二十二年之久。

再如,于谦因受杨士奇的推荐,受到明宣宗的赏识和恩赐,旋即被破格提升为兵部右侍郎,后任河南和山西的巡抚。于谦上任后,破除弊政,革故鼎新。由于河南、山西河患频发,他组织民众加固河堤,勤加治水,防范水患,并种树凿井,使百姓生产得到保障,为一方百姓称道。

(二)休养生息

明初君主都强调自己为天下之主,有养民之责。如明太祖认为君主必须"思修德致和以契天地之心,使三光平,寒暑当,五谷熟,人民育,为国家之瑞"①。明太祖不仅认为自己有责任关注民生,而民生问题的解决也是国家祥瑞之兆。明成祖也指出:"朕为天下主,所务在安民而已。民者国之本,一民不得其所,朕之责也。故每岁遣人巡行郡邑,凡岁之丰歉,民之休戚欲周知也。"②在君主的带领下,明初君臣都比较重视民生问题。仁宣时期,杨士奇、杨荣、杨溥积极引导两任帝王"敬守祖宗成宪",行爱民恤民之政,在他们的引导下,明仁宗指出:"朕惟君国之道事天为大,事天之实恤民为本。"③三杨非常重视民生一事,对于不合理的政治举措,他们往往会立即劝谏,以期望皇帝更正政令。这充分显示了三杨的责任心与崇高的政治目标,明仁宗与明宣宗也大都听取了他们的意见,及时更正一些政令。

明仁宗即位后,发布了一些政令,如废除了各处采办海味、果子、纱罗、缎匹、宝石等项,禁止扰民。④ 从这些行政举措,可以看出明仁宗朱高炽为解决民生问题、减轻民众负担的决心。诏书刚刚颁布不久,惜薪司奏请按照岁例,在北京、山东两处采办枣八十万以备宫禁香炭之用,明仁宗也予以批准。杨士奇听闻后,立即进谏明仁宗。当时他刚被明仁宗任命为华盖殿大学士,他也不担心惹圣怒而失去这一职位。杨士奇见到明仁宗后,直接说:"诏下裁两日,今闻惜薪司传旨赋枣八十万,得无过多?虽是岁例,然诏书所减除者皆岁例。"明仁宗颇为尴尬,解释道:"你说得很有道理。最近宫中事情较多,我未细审便予以批准,此是我的失误。我立即下令减除四十万。"⑤杨士奇连称陛下圣明。从中可见杨士奇的质朴与明仁宗的虚心纳谏。

明仁宗即位后,在三杨、蹇义等大臣的辅佐之下,革除永乐朝以来的弊

---

① 《明太祖实录》卷41,洪武二年四月癸巳,第825页。
② 《明太宗实录》卷129,永乐十年六月甲戌,第1602页。
③ 《明仁宗实录》卷六下,洪熙元年正月丙戌,第209页。
④ 《明仁宗实录》卷六下,洪熙元年正月丙戌,第209页。
⑤ 杨士奇:《三朝圣谕录》卷中,第629页。

政,推行仁政,整顿吏治,发展社会经济,起到了一定的效果,统治日趋稳定,国家也步入良好的发展轨道。此时也出现了一些谄媚之语。洪熙元年四月初,有官员上疏言当今天下太平,明仁宗实为圣明之君、太平之政者。明仁宗阅览后,颇为自得,但其较为清醒,虽然意识到自己确实扭转了明朝的颓势,但天下还存在一定的问题。遂召见蹇义、夏原吉、杨荣与杨士奇,让他们观看该奏疏,并试探问道:"当今朝堂无阙政,生民皆安。果真如此吗?"杨荣、蹇义、夏原吉立即回奏:"当今天下确为太平之象,陛下您即位以来,力行仁政,百姓深受其利,诚可谓治世。"正当杨荣等人表态之时,杨士奇在旁边默默不语。明仁宗遂问道:"你有不同意见吗?"杨士奇则回答道:"臣也认为陛下的恩泽泽被天下,但是如今流徙尚未归,疮痍尚未复,远近犹有艰食之人,还需要二三年的时间继续推行仁政,民众才能各得其所。"也就是承认明仁宗即位以来所取得的成绩,但认为还有不足,需要继续推行仁政。杨荣等人惊讶于杨士奇如此回答,暗暗为其担心,然明仁宗却高兴地说:"今天宣你们前来,并不是为了自夸。现今天下还未至太平之境,我与你们出自诚心,还望你们继续辅佐我。"①

宣德四年(1429)正月,明宣宗召见杨溥,对其说道:"朕即位以来,在治国理政方面,一直不敢倦怠,时至今日,仰仗祖先的庇佑以及你们贤臣的辅佐,方取得今日之成就。但朕依旧不能放心。"杨溥回答说:"圣人治不忘乱,安不忘危。只要陛下时刻谨记居安思危,足以膺天眷福苍生于悠久也。"②

杨士奇、杨溥等人居安思危,不为现有成绩所迷惑。仁宣两朝,朝政在三杨等人的主持下,以儒家民本思想为基点,多施仁政,体恤民情,改善民生,民众安居乐业。

仁宣时期,常因发生自然灾害而下令免除赋税。如永乐二十二年九月,

---

① 杨士奇:《三朝圣谕录》卷中,第 634 页。
② 《明宣宗实录》卷 50,宣德四年正月己巳,第 1207 页。

苏、松、常、杭、嘉、湖六府水灾,蠲免赋税。同年十二月,明仁宗命户部分遣吏员驰谕各郡县,凡是发生灾害之地,减免税粮。① 宣德元年七月,山东发生旱灾,明宣宗下令免除夏税。宣德二年,因南北两京、山西、河南等地遭受自然灾害,明宣宗下令免除受灾州县的税粮。

  三杨非常注重民生,他们不仅主张实行宽恤的政策,还特别注重政令是否得到认真执行。如果出现与政令相反的行为,他们往往会立即奏报给仁宣二帝,督促落实。如杨士奇在知道户部尚书郭资未按政令蠲免赋税,奏请明仁宗惩治,最终郭资致仕。宣德年间,杨士奇指出户部官员没有落实明宣宗的政策,建议应命御史进行查访。明宣宗认为此策可行。对那些关注民生、为民奔走的官员,三杨会鼎力支持,并予以举荐。宣德七年(1432),明宣宗阅览尚书黄福赞漕运时言便民数事,出其章示杨士奇。杨士奇认为黄福为人正直明果,一志于国家生民,才德兼备,有大臣体。适逢明宣宗欲简选大臣前往南京任职,而南京作为明朝根本之地,选官非常谨慎。在听了杨士奇的建言后,明宣宗遂认为黄福可担大任,命吏部改黄福任南京户部尚书。

  明仁宗与明宣宗在制定有关民生的政策时,也往往与三杨商议,听取他们的意见而后推行。明仁宗曾召杨士奇、杨荣等人,命他们草拟关于免除税粮之半及罢除官买的诏书。左右近臣劝阻道:"地方千余里,其间未必尽无收,应加以分别,不能滥施恩泽。"杨士奇等人反对,认为应广施恩泽以纾小民之困,最终明仁宗也认为"恤民宁过于厚?为天下主,宁与民寸寸计较耶?"最终颁布蠲免诏书。② 宣德年间,明宣宗多次召见杨士奇等人,商讨宽恤事,并说:"由于深居皇宫,不可能遍知民间疾苦,你们应当尽心帮助我。"在诏令深得民心时,又会对三杨进行褒奖,如宣德五年,杨士奇草拟宽恤民生诏书,明宣宗颁布该诏书后,"众心悦戴"。明宣宗特赐予杨士奇钞三千

---

① 谷应泰:《明史纪事本末》卷28《仁宣致治》,第297页。
② 《明仁宗实录》卷9上,洪熙元年四月壬寅,第276页。

缂、文绮二端及羊酒若干,并笑着对杨士奇说:"薄用润笔耳。"①

三杨积极引导仁宣二帝推行宽恤民生的政策,并关注这些民生政策的落实;而明仁宗与明宣宗在三杨的辅佐下,较为重视民生。这些作为对减轻人民的负担起到了相当大的积极作用。

三、放弃安南

自先秦以降,古代中国便形成了以其为中心的朝贡体系。从秦汉时期至公元19世纪,西方势力未进入东亚前,古代中国可以说是东亚、东南亚诸政权的宗主国。在当时众多的藩属国中,朝鲜与安南是比较特殊的两个政权。本文重点讲述安南,因其与三杨有关。

秦朝统一六国后,没有停止扩疆行为,继续出兵岭南,在此设置了南海、桂林、象三郡。其中象郡就是后世中国史籍所称的交趾、安南。直至北宋,安南在很长时间里是古代中国的一个行政区域。北宋时期,安南上表归附,宋太祖册封丁部领为交趾王;南宋时期,李日燇被宋孝宗册封为安南国王,自此安南成为一个独立的政权,但与宋朝是藩属国与宗主国的关系。蒙元时期,安南与蒙元政权亦保持该关系。明朝建立后,鉴于华夷观、天朝上国的心态,以及统治成本的考虑,明太祖在对外政策中定了15个不征讨的国家,并以祖训的形式确定。对安南政权,明太祖仍照宋元旧制,派人宣谕安南,封陈氏为安南国王,安南遣使朝贡,尊明朝为宗主国。

到永乐朝,明成祖将安南变为明朝的一个行政区域。起因为安南国发生叛乱,黎氏夺权,陈氏后裔陈天平逃亡明朝。明成祖得知此事后,派人谴责黎氏。黎氏假装顺从,却在明朝军队护送陈天平回国之际,在路上伏击明廷军队,杀掉了陈天平。明成祖大怒,派遣成国公朱能、西平侯沐晟、新城侯张辅统领各军讨伐安南。明军进展顺利,平定了黎氏。因陈氏已无后裔以

---

① 杨士奇:《三朝圣谕录》卷下,第642页。

及部分安南臣民的奏请,明成祖于永乐五年(1407)诏告天下,将安南更名为交趾,设立了布政司以管辖。但由于明廷派遣的官员们不懂安南民俗,对安南的治理不尽如人意,以及安南境内离心力量过于强大,安南民众不断反抗明廷的统治,明廷不得不派兵平叛,耗费巨大,却始终无法在安南站稳脚跟,数年间叛者四五起。永乐二十二年,明成祖去世,安南黎氏借机反叛,但被明仁宗派兵平定。宣德元年(1426),黎氏复叛,先后打败明廷所派军队,震惊明廷。十一月,明宣宗派遣安远侯柳升、沐晟统率军队前往安南平叛。

明廷对安南的多次出兵,只是暂时性地平定了叛乱,并没有消除根源,往往明廷军队一撤离,安南民众复叛,这就耗费了明朝大量的人力、物力。如宣德元年四月,明宣宗便调集楚王府与蜀王府护卫兵共2000人,福建、广东、云南、贵州、四川、湖广等地都指挥使司及南直隶军士共1.5万人;同年十二月,又调集四川、湖广、贵州等地官军共7万余人,如此全国范围内调动兵力,不仅需要大量的粮草物资供应,也容易造成地方守备空虚,显然不利于明朝的统治。在这种形势下,是否继续出兵,以及如何处理安南问题便是统治者们需要思考的问题。

宣德二年(1427),明廷派遣成山侯王通等人前往安南平乱,安南黎氏上表奏请册立陈氏后人陈嵩为王,实际上就是要求明廷承认安南的独立地位。明宣宗在文华殿召见大学士杨士奇与杨荣,与他们商谈安南问题。明宣宗向他们表达了自己的真实意图,即他很早就想放弃交趾,又指出这不仅仅是他的想法,也是先帝明仁宗的意见,"太祖皇帝初定天下,四裔惟安南最先归化,后来黎氏篡陈氏而夺其位,所必当讨,而是时求陈氏之后立之不得,故郡县其地。果若陈氏今尚有后,选择立之,犹是太祖之心,而一方亦得安静"。他紧接着说:"朕今思之,若陈氏果有后,选一人立之,使供藩臣之职,三年一贡,如洪武之制,用宁其民,而中国亦省兵戍之劳,岂不可乎?如此,不免论者谓朕委弃祖宗之业。然继绝兴灭,实我皇祖之志。"杨士奇与杨荣颇知明宣宗本意,而他们对安南问题确实又没有好的办法,既然不能有效治理安南,徒增内耗,不如弃之。于是他们宽慰明宣宗说:"我们之前追随明成祖时,知其征讨安南也是为了继绝兴灭,而不是为了夺人疆土。"①君臣三人在安南一事上的考虑较为一致,但舍弃交趾实为大事,不得不慎重考虑,明宣宗又继续与文武群臣讨论。

已不可知晓当时君臣廷议此事时是何种场面,但从相关史书记载来看,势必较为激烈。三朝元老英国公张辅、礼部尚书蹇义、吏部尚书夏原吉坚决反对舍弃交趾。张辅指出:安南是明廷将士劳苦数年、死伤无数才得到的,不能放弃。蹇义与夏原吉认为明成祖平定交趾"劳费多矣。二十年之功,弃于一旦,臣等以为非是",而且舍弃交趾师出无名,"徒示弱于天下"。在群臣争论中,明宣宗也无所适从,他深知舍弃安南势必引起轩然大波,但一味劳师远征也不是办法。这次廷议,未得出定论。下朝后,明宣宗又召见杨士奇与杨荣二人,与他们商议此事。时明廷所派平乱的安远侯柳升中伏而死,所率部众伤亡惨重,而安南黎氏也无力再继续对抗明廷,遂前往明军处求和。成山侯王通无奈之下,一面与黎氏停战,一面派遣士兵护送黎氏使者进京。

见此情形,杨荣建议道:"永乐中费数万人命得此,至今劳者未息,困者未苏,发兵之说,必不可从。不若因其请而与之,可旋祸为福。"杨士奇也指出:"求立陈氏后者,太宗皇帝之初心,求之不得,乃郡县其地。十数年来,兵民困于交趾之役极矣!此皆祖宗之赤子,行祖宗之初心以保祖宗之赤子,此正陛下之盛德,何谓无名?且汉弃珠崖,前史为荣,何谓示弱?士奇侍仁宗皇帝久,圣心数数追憾此事,臣愿陛下今日明决。"然明宣宗仍在犹豫,因为他知道支持放弃安南的官员并不多,尤其是那些武将老臣,虽然他是皇帝,但在很多事情上也不能一意孤行,乾纲独断。杨荣也意识到了明宣宗的顾虑,进言道:"此盛德事,惟陛下断自圣志。"指出其他人考虑的是朝堂颜面与事功。明宣宗遂心动,对他们说道:"尔二人言正合吾意。皇考言吾亦闻之

---

① 《明宣宗实录》卷11,洪熙元年十一月壬戌,第372页。

张辅

(来源:中国历代名人图像数据库)

屡矣,今吾三人可谓同心同德。"次日朝会,明宣宗便出示黎氏的奏请表,再次表明他的意图,并强调此举正符合明成祖之意,"太宗皇帝发兵诛之。本求陈氏之后立之,求之不得,始郡县其地。至我皇考,每追念往事,形诸慨叹"。群臣见明宣宗心意已决,即使如张辅、蹇义等人也知此事不能逆转了,只得说:"陛下之心即祖宗之心,且偃兵息民,上合天心,从之便。"①于是明宣宗册封陈暠为安南国王,安南上表称臣,明廷不再劳师远征,从而岁省军费无算。

开疆拓土可以说是历朝历代君臣都热衷之事,可以留名青史,为世人所景仰。明成祖五次北征,虽由多种因素导致,但也不乏开疆拓土之心,《平安南诏》也能显出其心理。明成祖于永乐五年(1407)设立交趾布政使司,至宣德二年(1427),明宣宗舍弃交趾,共二十年的时间中,明朝也曾试图经营和

---

① 张廷玉:《明史》卷148《杨士奇传》,第4135页;杨士奇:《三朝圣谕录》卷下,第637-638页;谷应泰:《明史纪事本末》卷22《安南叛服》,第256-257页。

管理交趾，甚至迁移二三十万汉人前往交趾，但由于各种弊端，以及安南作为一个独立政权存在已达数百年之久，很难一夕之间便予以改变。史家多认为，仁宣时期，明朝的政策由扩张改为全面收缩，主要表现即舍弃了交趾与奴儿干都司。明成祖在位期间，长时期的对外征讨，耗费了明廷大量的物力与人力，明朝的内政问题也日益突出，至仁宣时期，两位帝王都较为重视内政建设，有意无意地改变一些外交策略，如与蒙古修好等。明宣宗也知道舍弃交趾可以说是他执政的"败笔"，但他不得不考虑各种情形，明廷对交趾的统治一时半会儿无法解决，而明廷又面临更为严重的问题，只能暂且搁置。只有稳固明朝本土的统治，才能不愧对先祖。杨士奇、杨荣虽只是皇帝的秘书，但对明宣宗来说，他们的重要性不言而喻。杨士奇与杨荣舍弃交趾的深层次原因是什么？明朝对交趾管辖失败以及在军事上的失败，是他们不得不考虑的现实因素。华夷观，或者说是他们对交趾地区的轻视是不是一个原因呢？现已很难定论。杨士奇在军事上没有多少建树，而杨荣颇有军事能力，在永乐朝也多次巡视边疆，参与军务，但在仁宣时期，他已六七十岁，无力再赴沙场。他们舍弃交趾，也许是为了求稳，急于改善内政；也有可能是文武派系之间的矛盾使然。他们与张辅等人都是三朝元老，但就与明宣宗的关系而言，张辅远不及杨士奇与杨荣二人与明宣宗亲密，后者也不愿张辅等人获得事功，从而拉近与明宣宗的关系。

不管如何评价舍弃安南一事，不可否认的一个事实，即舍弃安南确实有利于明朝政局的稳定，明廷上下可以一心改善内政，没有了大量消耗物力与财力的事件，明宣宗多次减免赋税才成为可能。当然，舍弃安南，使明廷此前的行为都没有了意义，使得明廷在东亚、东南亚的威望受损，甚至对西南地区土司的管辖力度与震慑力也逐渐降低。

杨士奇、杨荣与杨溥三人在军事、政治与民生等领域，全面参与朝政，为国奔波，献言献策，积极辅佐明成祖、明仁宗与明宣宗三位帝王，有力地改善了明初政局。

明时期全图

(引自谭其骧主编:《中国历史地图集》第 7 册《元、明时期》,中国地图出版社,1996 年。)

下编

盛世的落幕

第六章
三杨联盟的危机

我们在祝福别人时，经常会说一帆风顺、平步青云，但实际上人生际遇大起大落，更何况是在风云突变的政局中。杨士奇、杨荣与杨溥的仕途充满了坎坷，之前曾提及靖难之役是三杨仕途的一个转折点，但三杨的仕途中充满了危机，这来自皇帝、来自同僚，甚至是来自内部。本章讲述三杨所面临的危机，从某种角度而言，也可以说是盛世的阴影。

第一节　帝王的御臣之术

从第二章关于明代内阁发展过程的描述,我们可知内阁制度是不完善与不稳定的,它始终围绕皇帝、皇权而变动。如果皇帝对阁臣较为信任,阁臣的权力就比较大,否则便较小;皇权高度集中、皇帝勤政时,阁臣的职权也会得以充分发挥,故而史家多认为阁权是皇权的补充与延伸,是为皇权服务的。明太祖初设殿阁大学士,只是想从中得到处理朝政的一些建议,可以说殿阁大学士是真正意义上的秘书。建文帝时期,建文帝与黄子澄等人存在师生关系,以及当时特殊的政治环境,大学士们开始参与朝政,甚至可以草拟诏令、商讨军国大政,这一权宜之计,却为明成祖所沿用。"官僚是皇帝的工具。工具只能行使政权而没有政权。贵族是统治者的家门,官僚是统治者的臣仆。"在不得已的情况下,帝王雇佣官吏代其管理天下。[①] 因此,官吏对皇帝、皇权有较强的依附性,阁臣对皇权的依附性极其明显。内阁始终不是明代的一级中枢机构,只是"密勿论思"之机构,阁臣的地位与权力皆由皇帝个人来决定,没有皇帝的支持,阁权也就无从谈起。[②] 明代内阁两百多年的历史中,情形大致如此,王其榘先生对此有着极为精妙的论述,他指出"内阁头上有铁盖子压着"[③]。永乐时期,明成祖特设内阁,在明太祖与建文帝的

[①] 费孝通:《论绅士》,费孝通、吴晗等:《皇权与绅权》,岳麓书社,2012年,第1-8页。

[②] 洪早清认为:"依附皇帝是明代内阁存在的条件,……皇权对阁权的制约总是绝对的……"洪早清:《明代阁臣群体研究》,华中师范大学出版社,2012年,第143-155页。李渡认为:"阁权只有通过皇权的批准或与皇权相结合,才会具有政治功能。"李渡:《明代皇权政治研究》,中国社会科学出版社,2004年,第132页。

[③] 王其榘:《明代内阁制度史》,中华书局,1989年,第346页。

政体基础之上,进行新的尝试,命阁臣朝夕相伴,他们对明成祖的"裨益不在尚书下"。但在永乐朝,阁臣的辅政作用是有限的,也未进入权力中心。三杨的崛起以及在明初政坛上占有一席之地并发挥重要作用,主要原因在于与明仁宗、明宣宗两任皇帝的密切关系,但也因为此,一旦三杨与皇帝的关系不再亲密,三杨便无实质性权力。阁臣三杨的职权不断增加,所管事务也在不断增加。皇帝设置内阁的目的在于辅政,但是当阁臣地位稳固之后,便似乎不再安于只是做承帝旨、代王言的牵线木偶。再者阁臣多是儒生出身,自有一套王道信条,在皇权的支持下发展壮大,反过来又对王权产生一定的制约。虽然阁臣离不开皇帝的支持,是皇权的附属物,但又在一定程度上起到了不可忽视的制约作用,虽然这种制约并不是固定的。阁臣与皇帝朝夕相处,通过献言献策、票拟批答,以及与皇帝的关系,也间接影响了皇帝的决策,甚至会改变皇帝的决策,例如阁臣可以封还御批,当他们认为皇帝的旨意存在不合理之处,可以退回,不过明初似还未发生此种类型的事情,明初帝王较为勤政,与阁臣的面议次数是较多的。

尽管内阁的政治地位与职权在洪熙、宣德、正统初期得到极大发展,但始终没有成为中央政府体系中最高一级的行政机构,只是一个咨政议政机构,因此,阁臣参与朝政、管辖六部之事,都是处于一种非法状态,这也是明朝中后期其他官员弹劾阁臣的一个主要原因。要充分发挥内阁职能并取得良好效果,必须得到皇权强有力的支持,否则一切便是空谈。再者皇帝对阁臣,或者对某一官员的宠信不可能一以贯之,诸如嘉靖帝与张璁、夏言、严嵩,万历帝与张居正,当皇帝特别宠信时,阁臣似乎做什么都是正确的,而一旦失帝意便有可能被贬斥,甚至刀斧加身,遗累后人,张居正的结局便是最好的例子。张居正是明代文官中加官最多的官员之一,生前便被授予太师之职,可谓冠绝诸阁臣。在张居正担任首辅的十年中,明神宗与李太后对张居正始终恩遇有加,官员弹劾张居正时,明神宗往往偏袒张居正,严惩弹劾者,最典型的便是夺情与治丧事。张居正夺情时,编修吴中贤等人联名弹劾张居正,明神宗下旨杖责,将他们或革籍为民,永不叙用,或发往极边,又惩处为他们求情的官员。① 万历十年(1582)六月,张居正病逝,同年十二月,陕西道御史杨四知弹劾张居正欺君等十四大罪,这只是清算张居正的开端。此后科道官纷纷上疏追劾张居正之罪,明神宗也一改先前行为,将张居正提拔的官员一一调职、贬黜,追夺张居正的谥号,籍没其家,又命人将他的罪行传示天下②。虽然张居正的例子过于极端,但是从某种程度上显示了阁臣对皇权的依附。

　　明太祖废除丞相的目的在于维护皇权,设置辅臣也是为了保障皇权,避免出现权臣当道的局面。后世四任皇帝设置辅臣,不管信任与否,都没有突破明太祖的底线,即重新设立丞相,赋予阁臣较大的职权,阁臣的职权只是备顾问,代王言。仁宣时期,两任帝王虽很信任辅政的杨士奇、杨荣与杨溥三人,但皇帝牢牢掌控住内阁,最突出的表现便是阁臣的选拔与任用。皇帝想让哪一位官员入阁,便会任其为大学士,也就是说阁臣的任免权由皇帝掌控。当某一官员受到皇帝宠信时,就选其入阁,失去宠信后,便被调出内阁。如永乐朝,史家多认为,在明成祖的七名阁臣中,杨荣与杨士奇最开始并不是特别受明成祖重视,当时最受明成祖器重的是解缙。解缙后因恃才傲物以及其他原因,而失去明成祖的信任。明成祖不仅从制度上对阁臣进行约束与限制,而且还通过恩威赏罚进行心理统摄。我们看一下明成祖的恩威并用。"即位以来,尔七人朝夕相与共事,鲜离左右。朕嘉尔等恭慎不懈,故在宫中亦屡言之。然恒情保初易,保终难。朕故常存于心。尔等亦宜谨终如始,庶几君臣保全之美。"③先是表达君臣同心以及对他们的器重,但又言保持这种君臣同心局面很难,也就是警告他们不要生异心,要全心全意为其效忠,否则便会刀斧加身。解缙深受明成祖宠信,曾随侍御榻左右,可以说

---

① 《明神宗实录》卷68,万历五年十月乙巳,第1480-1484页。
② 万斯同:《明史》303《张居正传》,第316页。
③ 《明太宗实录》卷34,永乐二年九月庚申,第1018页。

是内阁七名阁臣之首,但仅仅因为其他官员的谗言以及因国本一事与明成祖有纷争,得罪了汉王,便于永乐五年被罢斥,最终下诏狱,冻死于雪堆之中。

再如胡俨是建文朝官员中较早归附明成祖的,被明成祖挑选入阁,成为近侍之臣。史载胡俨于天文地理、星象医卜无所不精,为人谦虚谨慎,但略显憨厚而刚直。后来,明成祖认为其不符自己的要求,便把他调离内阁。再如宣德时期的陈山、张瑛。二人原本是明宣宗做皇太孙和太子时期的老师、东宫府僚,明宣宗即位后,囿于师生之情,任命陈山为户部侍郎,任命张瑛为礼部侍郎,进入文官体系中较高一层。随后明宣宗又选拔二人入阁,在宣德政局中进入核心集团。但是陈山与张瑛没有利用好该机遇,很快便失去了明宣宗的信任,相继被调出内阁,陈山在内书堂专门教授小宦官们读书识字,张瑛则被调任南京礼部尚书。

三杨联盟并不是一日形成的,而且同一时期在阁的阁臣也不止杨士奇、杨荣与杨溥三人,三杨内阁的形成有一个过程。而三杨在皇帝心目中的位置也是有所区别的。三杨中,杨溥入阁最晚,直至宣德时期方入阁,明宣宗中期,才形成较为稳定的三杨内阁。

即使同是大学士,三人与皇帝都存在师生关系,或者率先归附,但是由于每个人的处事方式、能力不同,对皇帝的态度有异,以及皇帝自身的想法,他们获得的宠信以及由此而来的权力并不一样,从某种程度来说,这是皇帝有意为之。

杨荣和杨士奇在永乐朝颇受明成祖的器重,逐渐在政务运转过程中扮演了重要角色。史载杨士奇"奉职甚谨,私居不言公事,虽至亲厚不得闻。在帝前,举止恭慎,善应对,言事辄中"[①]。明成祖数次北征,命杨士奇等人辅佐太子朱高炽监国。因为汉王的谗言与明成祖对太子的疑心,杨士奇曾先

---

① 张廷玉:《明史》卷148《杨士奇传》,第4131页。

后两次下锦衣卫狱,不久便被释放。同为太子东宫属官、辅佐太子监国的杨溥、黄淮与其遭遇完全不同,他们直到明仁宗登基后方得以释放出狱。由此可见杨士奇在明成祖心中的地位。杨荣与杨士奇相比,似更得明成祖之信任。在归附诸臣中,杨荣率先劝阻时为燕王的朱棣不要急于登基,必须先行拜谒太祖陵,再入宫。明成祖也及时醒悟,采纳了其建议。杨荣本名杨子荣,后被明成祖赐名为荣,改名为杨荣。杨荣在永乐朝恩遇始终未减,似乎与他的理念有莫大关系。他曾言:"事君有体,进谏有方,以悻直取祸,吾不为也。"观杨荣政治行迹,没有所谓的"卖直求名"之举。而杨荣最为人熟知或者津津乐道的是他与别人的一次对话:"侍上读《千文》,上云天地玄红,未可言也。安知不以尝我,安知上本意所自云何?安知'玄黄'不可为'玄红'?遽言之,无益也。俟其至再至三,或有所询问,则应之曰臣幼读《千文》,见书本是'天地玄黄',未知是否?"①可见杨荣的心思非常缜密。当他人有难时,杨荣时时为之调护,史载"帝威严,与诸大臣议事未决,或至发怒。荣至,辄为霁颜,事亦遂决"。足可见其影响力。在永乐朝阁臣中,杨荣是最为懂军事者,五次随明成祖北征,前往甘肃等地筹划边事。也许是对皇帝内心的揣摩准确,又有过人的才能,杨荣备受明成祖的信任,成为永乐朝中后期明成祖最为倚重的阁臣。

　　进入仁宣时期,杨士奇、杨荣与杨溥三人风云际会,但两任帝王对他们的信任程度也是有所差异的。

　　仁宗朝,阁臣中,明仁宗最为倚重杨士奇,其他官员中则信任蹇义。永乐二十二年九月二十五日,明仁宗升蹇义为少傅,杨士奇为少保,杨荣为太子少傅,金幼孜为太子少保,三公三孤为从一品;次日,又特赐蹇义、杨士奇、杨荣、金幼孜四人银质图章各一枚。虽然明仁宗对四人的赏赐提拔一视同仁,但此次赏赐原本只是针对蹇义与杨士奇,并没有杨荣与金幼孜,因杨士

---

① 叶盛:《水东日记》卷5《杨文敏公迅谏有方》,中华书局,1980年,第56-57页。

奇再三陈请,"臣与杨荣、金幼孜实同职任,今赐不及二人。幸天恩均之"①,明仁宗方才赏赐杨荣、金幼孜。但为了区分圣眷,洪熙元年(1425),明仁宗又特赐少傅兵部尚书兼华盖殿大学士杨士奇"贞一"银印,赐少师兼吏部尚书蹇义"忠贞"银章,令二人收藏于家中,传给子孙后代。而单独赏赐他们的原因在于太子监国的那段经历。"监国二十年,为谗慝所构,心之艰危,吾三人共之。……即吾厌世后,谁能知吾三人同心。"②这是其他阁臣没有的待遇。明仁宗还对杨士

明仁宗半身像

(来源:中国历代名人图像数据库)

奇说:"往者朕膺监国之命,卿侍左右,同心合德,徇国忘身,屡历艰虞,曾不易志。"③朱高炽为太子监国期间,明成祖多次命杨士奇辅助太子处理日常政务,使其受到太子朱高炽的信任。永乐朝,杨士奇竭力辅佐太子监国,曾向明成祖奏告汉王朱高煦的不法行为,是外廷官员中维护朱高炽太子地位的中坚力量。杨荣又是所有阁臣中最早兼职尚书衔之人,原因在于有人对明仁宗说杨荣"当大行时,所行丧礼及处分军事状",明仁宗遂命杨荣兼职工部尚书。不久,明仁宗便升黄淮兼职户部尚书,杨士奇兼职兵部尚书,金幼孜任礼部尚书,在六部位置中皆高于工部。明仁宗虽重用杨荣,但对杨荣似心存不满。他曾直接对蹇义说杨荣对你"怨排语",即对你有怨言,但杨荣的才能确实突出,无人可替代,蹇义劝明仁宗"容之"。与杨士奇、杨荣的风光相比,另一位帝师杨溥则显得较为落寞。在仁宗年间,杨溥没有入直文渊阁,只是掌弘文阁事。明仁宗在即位前后,朝廷大事皆是与蹇义、杨士奇、杨荣

---

① 杨士奇:《赐印章记》,陈子龙等编:《明经世文编》卷16,第123页。
② 查继佐:《罪惟录》帝纪卷4《仁宗纪》,浙江古籍出版社,1986年,第99页。
③ 张廷玉:《明史》卷148《杨士奇传》,第4134页。

等人商讨,当得知明成祖去世的消息,明仁宗立即召见吏部尚书蹇义、大学士杨荣、杨士奇等心腹讨论布防事宜,而杨溥此时尚未进入政治核心层。整体而言,在当时的内阁成员中,明仁宗最为倚重杨士奇,曾直言:"自今朝廷事,仗蹇义与汝。"① 可以说在洪熙朝,明仁宗几乎一遇大事便要和杨士奇商量,而且很多事情也采纳了其建议。杨士奇在文学上也很有造诣,自永乐朝以来,几任帝王发布的一些敕、旨、诏、谕等文书多是由杨士奇草拟。

在宣德朝,杨士奇与杨荣、杨溥三人所受明宣宗的重视程度有所变化。最大的变化在于明仁宗一直器重杨士奇,而明宣宗先是器重杨荣,后逐渐信任杨士奇,杨溥的政治地位有所提高。

有学者认为,明宣宗的政治核心集团是杨士奇、杨荣、夏原吉、蹇义、张辅、杨溥六人。② 但笔者认为该观点较为笼统。综观明清史籍,杨士奇、杨荣、夏原吉、蹇义四人在宣德朝的重要性毋庸置疑,他们凭借自身的能力与特殊的政治身份,在宣德朝发挥重要的作用。他们多是三朝老臣,历经永乐、洪熙朝,具有丰富的行政经验。明宣宗虽然在皇太孙、皇太子期间便已参与朝政,然毕竟实际执政经验不足。永乐朝与洪熙朝虽然可以说是明朝近300年历史中较为稳定的时期,但仍然有很多危机。这内外因素迫使明宣宗不得不重用老臣,从中简选与自己同心同德之人,并不断提拔其他官员以观其行为,组成新的统治集团。

赵中男认为宣德初年的官员大体上分为三种:第一种是明成祖的旧臣,第二种是明仁宗的东宫旧臣,第三种是明宣宗当皇太孙和皇太子时的辅导教师,以及东宫府僚。一朝天子一朝臣,这些核心人员深知此中道理,如若不想早早结束仕途或者仕途平庸,那么他们必须竭尽所能,发挥才干辅佐明宣宗,或者投其所好,赢得明宣宗的信任。史载"蹇义简重善谋,杨荣明达有

---

① 谷应泰:《明史纪事本末》卷28《仁宣致治》,第296页。
② 赵中男:《明宣宗的政治核心集团及其形成》,《北方论丛》1996年第1期,第12页。

为,杨士奇博古守正,而原吉含弘善断。事涉人才,则多从义;事涉军旅,则多从荣;事涉礼仪制度,则多从士奇;事涉民社,则多出原吉"①。这一评语很好地概况了杨士奇等人的才能,下文进行简要叙述。

蹇义历仕四朝,一般认为蹇义在才干方面不及夏原吉、杨士奇等人,其主要政绩也是在永乐朝,在仁宣两朝并无多少政治贡献。但蹇义虽然缺少高瞻远瞩的政治眼光,遇事迟疑不决,也没有实质性的建言献策,但其有较为出色的工作能力,可以说是实干家;且其还胜在"为人质直孝友,善处僚友间,未尝一语伤物",善于处理与皇帝、同僚之间的关系,尤其是鼎力辅佐明仁宗朱高炽。夏原吉与蹇义并称蹇夏,亦可知其声望。夏原吉主管财政,任户部尚书一职二十余年,政治能力突出,有效地缓解了明朝财政危机,也注重民生,减轻百姓负担。宣德朝,他几乎参与了所有重大事件的决策,很多进言皆被明宣宗采纳,如劝阻明宣宗讨伐赵王,保全亲亲之义。与杨荣等人不同,杨士奇喜欢荐举他人,擅长识人,且他举荐的官员大都有所作为,如翰林院检讨杨翥、都御史吴讷、右都御史顾佐,故其声望较高。当然杨士奇握有最大的"护身符",即对先帝明仁宗全心全意。史载明宣宗之母孙太后曾对宣宗说杨士奇的辅佐之功,"太后为朕言,先帝在青宫,惟卿不惮触忤,先帝能从,以不败事。又诲朕当受直言"②。基于上述的这些因素,明宣宗非常器重杨士奇,远超其他官员。明宣宗曾对杨士奇说:"爱朕莫如汝。"因想要见杨士奇一面,明宣宗傍晚微服出宫;又因杨士奇之劝谏,遂答应以后不再微服出行。③ 杨荣擅长军事,在宣德朝初期,备受明宣宗信赖,尤其是平定朱高煦、赵王等事,都是事先与杨荣协商,再由杨士奇起草檄文。这种待遇在当时是少见的,以至于同为顾命大臣的蹇义、夏原吉说:"上特信杨荣。"④

---

① 谈迁:《国榷》卷21,宣德五年正月戊辰,第1383页。
② 张廷玉:《明史》卷148《杨士奇传》,第4135页。
③ 杨士奇:《三朝圣谕录》卷下,第642-643页。
④ 谷应泰:《明史纪事本末》卷27《高煦之叛》,第292页。

但杨荣过于迎合明宣宗,反而招致明宣宗的不满,如前文所言废后事,此不再赘言。且杨荣为上位,先后诋毁蹇义、黄淮、杨士奇等人,已为明宣宗所不喜。所以宣德朝中后期,明宣宗对其已渐为疏远。揆诸史籍,我们可断言,杨溥的政治才干远不及杨士奇、杨荣、夏原吉等人,但其胜在品性,"质直廉静,无城府。性恭谨,每入朝,循墙而走。诸大臣论事争可否,或至违言。溥平心处之,诸大臣皆叹服"①,时人誉为其有"相度"。且其因辅佐时为太子朱高炽而被系狱十年,尤受明仁宗、明宣宗与孙太后尊敬。杨溥老成持重,遇事稳妥,适合守成。随着蹇义、夏原吉、金幼孜等老臣先后去世,张辅身为武将,不能过多参与朝政,到宣德朝时期,杨溥以其资历入阁,成为明宣宗的代言近侍之臣,但是四年后,因母亲去世辞职回家守孝,旋即起复,后于宣德九年(1434)升任礼部尚书,仍以学士衔在内阁当值。杨溥谦和的性格与处事态度,不适合政务决策与执行,也不符合锐意进取的帝王之政治辅导人选需要。

　　除了上述几人以外,宣德朝较为重要的政治人物还有金幼孜、黄淮、陈山、张瑛。金幼孜历仕建文、永乐、洪熙、宣德四朝,除建文朝外,其余三朝皆为阁臣,他在永乐朝最受重用,但在仁宣两朝,似逐渐淡出政治核心圈,很多国事都未见其身影。黄淮历仕五朝,在永乐朝被简选入内阁,又为太子东宫官属,曾与杨溥一起被系狱。黄淮颇有才能,为明仁宗所熟知,故其即位后,立即释放黄淮,命他再次入阁,与杨荣、金幼孜、杨士奇等人一起参与机务,而杨溥却无此待遇。黄淮"性明果,达于治体",一度为明宣宗宠信,但其"量颇隘。同列有小过,辄以闻",加之身体多病,逐渐为明宣宗疏远。总之,金幼孜与黄淮没有如杨士奇等人那样继续在宣德朝政局中有所作为,很快便退出了政治核心圈。除却他们之外,明初老臣还有很多,但似乎皆没有得到明宣宗的重用。

---

① 张廷玉:《明史》卷148《杨溥传》,第4144页。

洪熙元年(1425)六月，明宣宗即位，随即简选他为皇太孙与皇太子期间辅导官员中表现优异者，时共有四人，明宣宗先任命他们为六部侍郎，随后陈山与张瑛被简选入阁，与杨士奇等人一起参与机务。陈山与张瑛颇受明宣宗赏识，他们的关系也较为密切，明宣宗此举是欲建立一个完全属于自己的行政班子。但陈山与张瑛二人虽历仕五朝，但皆为儒臣之职，未有实际政治经验，对一些事情的处理并不理想。他们也因一时贵盛，在朝臣中结党营私，公开索贿，盛气凌人，故而得罪了其他官员。杨士奇等人虽深知明宣宗此举的用意，但未与陈山等人协力合作。史书中虽未载杨士奇等人是否排挤陈、张，我们从一次君臣对话中可一窥大概。

宣德四年十月，一日朝罢，侍上于左顺门，遥望见大学士陈山，上曰："汝试言山为人。"对曰："君父有问，不敢不尽诚以对。山虽侍从陛下久，然其人寡学多欲而昧于大体，非君子也。"上曰："然赵王事几为所误，朕已甚薄之。近闻渠于诸司日有干求不厌，当不令溷内阁也。"盖上初临御，以山及张瑛东宫旧臣，俱升内阁视事。二人行相类，至是浸闻于上。数日后，有旨调瑛南京礼部，山专教内竖，俱罢内阁之任，朝士皆颂上明决。山遂见疏，不复得近宸前矣。[①]

杨士奇连曾在宣宗面前诋毁自己的杨荣都可以容忍，为何不能容忍陈山呢？杨士奇的建言可谓一箭双雕，张瑛也被调离内阁。当时的主要政治力量都在北京，明宣宗将张瑛调任南京，实际上使他远离政治中心，确实是不信任的表现。而陈山仍在北京，虽不能如前为近侍之臣，但是明宣宗很重视宦官的参政功能，还赐予司礼监批红权，对宦官的教育也是较为重视的，设立内书堂，命宦官读书识字，故而命陈山教导宦官也自有一番目的，似无法用"薄"来概括。从另一方面说，明宣宗或许知道陈山已被杨士奇等人不容，他又不能没有杨士奇等人的辅佐，故而做出妥协。

---

① 杨士奇：《三朝圣谕录》卷下，第639-640页。

随着内阁辅政作用的突显,杨士奇等人作为三朝老臣,以及他们与先皇特殊的关系,对外廷官员的影响力也与日俱增。但度过蜜月期后,明宣宗也在酝酿变革内阁,究其原因是为了加强皇权,以及对老臣的一种安全考虑。

宣德三年(1428)十月,明宣宗对上述人员再次做出调整,以蹇义、杨士奇、夏原吉、杨荣"年俱高。令兼有司之务,非所以礼之"为由,令他们不用处理庶政,"可辍所务","朝夕在朕左右相与讨论至理",这从某种角度说使他们没有了实权。明宣宗的出发点是希望他们"图善始终",解除晚节不保的危机。① 但内阁的作用在宣德朝已无可替代,外廷中也没有令明宣宗足够信任的官员,于是仍令杨士奇、杨荣在阁,但实际处理阁务的是杨溥与金幼孜。与杨士奇、杨荣相比,杨溥的资历稍浅,明宣宗于宣德五年(1430),升其为少傅。宣德六年(1431)十二月,金幼孜去世,阁臣只有杨士奇、杨荣、杨溥三人,而杨士奇与杨荣又不实际处理阁务,所以实际上是杨溥主导阁务,其影响力不断增大。直到正统三年(1438年),因主持修编《明宣宗实录》有功,明英宗升杨溥为少保,他的品秩才得以与杨士奇、杨荣相提并论,皆有三孤职衔。

杨士奇、杨荣、金幼孜、张辅、夏原吉等人历仕四朝,有一定的政治资本,与几任帝王的关系都较为密切。不同的时代需要不同的政治人才与才能,如果没有跟上皇帝的执政需求,很容易被他人替代。杨士奇、杨荣、金幼孜等三朝老臣以及陈山、张瑛等原东宫府僚的政治生涯轨迹表明,他们若想进入政治核心圈,必须赢得明宣宗的信任。赵中男指出,政治核心圈内之人是"经过一番严格的筛选和考验的,而已经入阁或接近于政治核心集团的人员,也被政治形势不断地甄别和淘汰,只有那些在各方面都符合最高统治者需要条件的人,才能进入并被保留在政治核心集团中"②。所以他们想方设

---

① 《明宣宗实录》卷47,宣德三年十月乙酉,第1638页。
② 赵中男:《明宣宗的政治核心集团及其形成》,《北方论丛》1996年第1期,第16页。

法成为不可替代之人。另外,明代有一著名的文学流派,以台阁体为特色。台阁体何时形成,学界有所争论。但笔者认为台阁体应形成于宣德朝。明宣宗喜欢诗歌,经常与文臣互相唱和,随之在朝堂上形成了以之为核心的宫廷诗坛,又以此为基础,形成了统治明代文坛达半个世纪之久的诗风。无论是宣德朝宫廷诗坛,还是仕林,大都以应制诗为主,体现了一种雍容、雅正的特点。三杨是台阁体的主力,我们查阅他们的文集,会发现其中有大量此类诗词。三杨诗歌特点与明宣宗不谋而合,可谓在某种程度上迎合了明宣宗的喜好。

《明宣宗行乐图》(部分)

(明代画家商喜创作的绢本设色画,展现了明宣宗出行游猎玩乐的场面。现藏于北京故宫。图片来源:https://www.dpm.org.cn/Home.html)

三杨,尤其是杨士奇、杨荣历经四朝,始终处于政治核心圈,深得皇恩,这与他们的处事风格有莫大的关联。杨荣直言:"事君有体,进谏有方,以悻直取祸,吾不为也。"在皇权体制下,小心行事是必不可少的。包括三杨在内的很多官员都婉承帝意,不敢抗争。仁宣之时,明仁宗与明宣宗都极为重视纳谏,他们鼓励群臣直言。诸如明仁宗曾对杨士奇、杨荣等人说:"为君以受直言为贤,为臣以能直言为贤。……自今卿等遇朕行有未当,但直言之,毋以不从为虑。"①明仁宗以此话打消群臣的顾虑,并以是否接受群臣谏诤作为圣主的标准,以官员是否直言作为贤臣的标准,以此而论,足见其求言之心。史书中关于他纳谏、知错就改的事例较多,史家对其评价亦高。不再赘言。尽管如此,仁宗朝仍出现了惩治进谏官员的案例,即李时勉案。洪熙元年(1425),李时勉上疏议论政事,批评明仁宗大兴土木,广选侍女,明仁宗非常愤怒,将李时勉召到便殿,但李时勉在答辩中毫不退让。明仁宗气得命武士用金瓜击打李时勉,又把他投进锦衣卫监狱。明宣宗曾对杨溥感慨:"然比来臣下往往好进谀词,令人厌之。卿亦宜勉辅朕于善道。"明宣宗没有反思群臣为何如此,只是单方面要求群臣要报国,而杨溥则指出难点,"自古直言非难,而容受直言为难"。②杨溥虽如是说,但也不能真正做到。史书所载明宣宗纳谏的记载亦多,但距他与杨溥谈话时隔两年,也因言处置了江西巡按御史陈祚及其家人,还有刑部主事郭循。

叙述这些并不是否定明仁宗与明宣宗,而是意在说明皇权体制下,官员的生存极其不易,而为了得圣心,在某种程度上,只有牺牲原则。而三杨在当时与皇帝的关系极为特殊,但对处置李时勉也没有表态,以至于史家言之:李时勉"以得罪先帝、诏狱已甚则有之,乃狱未成,而辄驰命西市乎!此非法,而三杨不一苦口,何也?"③三杨历仕四朝,在仁宣之时,年龄已高,所顾虑之事和人也增多,为有良好结局,也只能婉承帝意。

正统时期,杨士奇、杨荣与杨溥三人以顾命大臣身份继续发挥辅政作用,但是对正统朝的时局没有起到很好的补救作用,终造成王振专权,明朝国力衰退。历来史家在肯定杨士奇等人对仁宣之治的作用外,对此多有批评,清人夏燮认为:"诸臣阿顺幼主,为身后计,故而隐忍保全"④。

---

① 《明仁宗实录》卷6上,洪熙元年正月癸酉,第195-196页。
② 《明宣宗实录》卷50,宣德四年正月己巳,第1207-1208页。
③ 查继佐:《罪惟录》列传卷13上《李时勉》,第1989页。
④ 夏燮:《明通鉴》卷22《英宗》,正统二年春正月,第901页。

第二节　内阁与部院的矛盾

明制,内阁与六部都察院不是平行机构,部院是执行机构,内阁是秘书机构,六部都察院的品级明显高于内阁。明太祖废除丞相之后,提升六部的行政地位,六部尚书皆为正二品,六部之间互不统属。内阁只是议政机构,并无实权,而且品秩要远远低于六部尚书、侍郎。如果一直按照此种方式发展,内阁与部院之间不可能发生冲突,但是有明一代,随着阁臣拥有票拟权,在政务运作中成为重要一环,加上皇帝的信任,使阁臣的职权不断扩张,以至于阁部纷争尤为激烈,直接影响到朝政局势的演变。

内阁的官署位于皇宫内,这与其他机构便有了天壤之别,使阁臣可以近距离地接触帝王,甚至朝夕相伴。自从废除丞相后,历任帝王都在不断尝试寻找替代品。既要依赖他们,又不能给他们制造擅权的机会。从明太祖到明宣宗,直至明亡,辅政的大学士的品秩没有发生变化,辅政机构的性质也没有发生根本性的改变。但是若始终如此,皇帝没有表现出对他们格外的圣眷与恩遇,官员们是否还会想担任大学士,是否还能够尽力参与朝政,他们的建议是否会得到落实呢？答案很显然。明代官员为入阁可谓是斗争激烈,对大部分官员来说,入阁是其终其一生的奋斗目标,很多隐居不仕的官员在得知自己被简选入阁后,纷纷出山。以万历年间的阁臣为例。沈一贯告假后一直不出,朝臣交相举荐,但都为其拒绝。万历二十二年(1594),吏部会推阁臣,沈一贯名列其中,后被万历帝亲点入阁。沈一贯多次上疏辞命,此举应是一种官场故事。明代有很多类似之例,可能是象征性地举措。赴京前,沈一贯曾祭拜祖祠,道出了他隐居不仕的原因。其言:"窃一第则仕不过十年，官不过四品，于分为溢，无复余望，故迹列周行，情欢在野，遘荣若辱，辞宠若惊，急流勇退，永奉亲闱。"①他因为官职较低而告假，现被举入阁，在朝臣看来已是文官之极，便不宜推诿。朱赓亦是如此。他得知入阁之诏命后，立即祭告家庙，描述了他的心情，"君命自天使车入里，道路惊传以为越中五百年仅见之事。而赓私心揣度，实有不能一息自安者。此皆我祖宗德泽宏深，我考妣教育并茂，所从来久远也。……"②又祭告其夫人陈氏："起而仍旧物，吾弗能从。起而为宰辅，吾虽病，尚当扶掖一行，以毕吾平生之志。"③即使老病，也要应诏命。从明成祖始，帝王们通过各种方式，向阁臣以及整个官员群体展现阁臣的特殊之处，使官员们以入阁为荣。当然，帝王们也会警示阁臣不能恃宠而骄。

明成祖没有通过加官的方式提高阁臣的待遇，而是通过大量的赏赐，突显他们的独特性。永乐二年(1404)，明成祖命解缙、杨士奇等人为太子的辅导官员。同年，明成祖皇后徐氏在宫中亲自宴请七名阁臣的妻子；十二月，明成祖赐予六部尚书等官员金织文绮衣各一套，同时也赐予解缙等六人，并直言他们的功劳以及其辅助之功不在六部尚书之下，值得如此赏赐，以激励阁臣"尽心职任"。又让杨荣参与兵事。这些都表明明成祖对阁臣的重视。

明仁宗为太子二十余年，也监国二十余年，在此过程中，深得杨士奇以及东宫府僚之助力，也深知阁臣对帝王理政的重要性。鉴于他与杨士奇等阁臣的特殊关系，他即位后，通过恢复三公三孤，以大学士加官的方式提高他们的品秩，但没有打破祖制；又赐予阁臣银章，使其无须经过通政司，便可直接上疏言事。明仁宗随后又让阁臣先后兼职六部尚书，规定他们可享受

---

① 沈一贯：《喙鸣诗文集》文集卷20《大拜告祠堂文》，见《四库禁毁书丛刊·集部》第176册，第383-384页。
② 朱赓：《朱文懿公文集》卷12《入阁祭告家庙文》，《四库全书存目丛书·集部》第149册，第467页。
③ 朱赓：《朱文懿公文集》卷12《入阁祭告先室陈夫人灵几文》，《四库全书存目丛书·集部》第149册，第468页。

兼职的俸禄，但不得参与所兼职事。虽然尚书只是兼职，但尚书在某种意义上是外廷官员之首，"然居内阁者，必以尚书为尊。自荣后，诸入文渊阁者皆相继晋尚书，于是阁职渐崇"①。此时，虽然阁臣没有直接干涉部院事宜，但已掌握了一些实权。明仁宗曾下旨令大学士杨士奇、杨荣、金幼孜会同大理寺等司法机构审理囚犯，而这原本是刑部、都察院、大理寺之职责。洪熙元年（1425）四月，因山东等地发生饥荒，但有司仍在催征夏税，于是明仁宗命大学士杨士奇草诏，免除受灾区域当

明成祖皇后徐氏

（来源：中国历代名人图像数据库）

年的夏税并减免秋粮。杨士奇知道按照流程，此事应与户部、工部商议，他便奏请，而明仁宗以事关紧急为由拒绝，等杨士奇拟诏后，明仁宗方才告知户部官员。杨士奇有所顾虑，而明仁宗似为情形所迫，但确实剥夺了六部职权。宣德朝，阁臣干预部院事宜大体如洪熙朝，甚至有过之而无不及，最突出的表现便是选拔阁臣直接越过吏部，由现任阁臣推荐，也就是说吏部无权干涉内阁事。以至于史载"迨仁宣期，大学士以太子经师恩，累加至三孤，望益尊。而宣宗内柄无大小，悉下大学士杨士奇等参可否。虽吏部蹇义、户部夏原吉时召见，得预各部事，然希阔不敌士奇等亲。自是内阁权日重，即有一二吏、兵之长与执持是非，辄以败"②。最终的权力虽掌握在皇帝手中，但阁权大于部权的局面已逐渐形成。特别是在获得票拟权后，内阁直接握有参与国家大事的权力。内阁职务也不仅仅限于"备顾问"，而是逐渐成为帝

---

① 夏燮：《明通鉴》卷18，永乐二十二年十二月，第798页。
② 张廷玉：《明史》卷72《职官志序》，第1734页。

王的得力办事机构,也越来越受到官员、士人的重视,亦即"阁职渐崇"。

明英宗少年即位,明宣宗为其挑选了五名顾命大臣。不久,蹇义病故,另一顾命大臣张辅本是武将,限于文官政治体系,无法过多参与朝政,于是顾命大臣只剩下三位阁臣。在太皇太后张氏的干预下,朝廷政务须先经内阁会议,由其审核,然后交部院等机构执行。史载太皇太后与阁臣商议,虽然明英宗年纪尚小,但也不能不理政,因此阁臣们从每日批答的奏疏中选出八件,由明英宗亲自处理。太皇太后张氏又批准礼部尚书胡濙的奏请,令杨士奇、杨荣与杨溥可"轮议建言事件"。至于胡濙为什么要如此建议,今已不能得其内情。这一政务运作流程使得阁臣可直接参与朝政,事先了解各项政务,而部院等机构也必须先与之协商。虽然最终由太皇太后暂行皇权,但内阁是这一切运行的"中心"。

以上内阁的变化,皆因皇权需要阁权的支持,或者说是皇帝需要阁臣的支持。然为了让阁权更好地为皇权服务,又必须给予阁臣们一定的便利,也就是把皇权中的一部分赐予他们。虽然没有明文规定阁臣可参与部院事务,皇帝也没有明说,但是阁臣参与机务,是皇帝的顾问,加上皇帝与他们的特殊关系以及对他们的信任,不可避免地使阁权不断扩张。仁宣英三朝,阁臣已全面参与部院事务。由于理念的不同,以及与皇帝亲疏关系的差异,出于对祖制的坚守,内阁与部院的冲突在所难免。

之所以史家与现代学者都指出明初阁部冲突不明显,甚至是没有,原因在于三杨以及其他阁臣的身份,他们是四朝元老,又是帝王师,资历是其他朝臣不可比拟的。其实在明初,明朝政治生态最好的时期,已有阁部冲突。前文曾提及"即有一二吏、兵之长与执持是非,辄以败",我们看一下具体事例。

仁宗时期,部院之间有一次纷争,但为明仁宗轻松化解。

时藩司守令来朝,尚书李庆建议发军伍余马给有司,岁课其驹。士奇曰:"朝廷选贤授官,乃使牧马,是贵畜而贱士也,何以示天下后世。"帝许中旨罢之,已而寂然。士奇复力言。又不报。有顷,帝御思善门,召士奇谓曰:"朕向者岂真忘之。闻吕震、李庆辈皆不喜卿,朕念卿孤立,恐为所伤,不欲因卿言罢耳,今有辞矣。"手出陕西按察使陈智言养马不便疏,使草敕行之。士奇顿首谢。①

李庆时为兵部尚书,吕震担任礼部尚书。姑且不论这项措施是否恰当,从中可以判断部臣对阁臣已有所不满,究其原因在于阁臣干预部事。虽然明仁宗祖护杨士奇,但六部实为执行机构,政务运作的主要部门,阁臣亦无法直接干涉,只得另寻他法,寻求他们之间的平衡点以进行合作。从中也表现出明仁宗已知道阁部之间关系紧张,但未明白这一情形出现的原因在于他自己。

明成祖时期,虽然杨荣可参与兵事,但非常态,遇到军事问题,明成祖则与兵部尚书方宾、金忠等人进行商讨,由于此时期明成祖大权独揽,加之金忠与杨士奇等人又皆是东宫府僚,明成祖并未完全依赖阁臣,故而内阁与兵部之间并没有发生直接冲突。但宣德朝,此种情况发生改变。因为明宣宗的信任,阁臣不仅参与军政,甚至侵夺了兵部的部分权力。杨士奇等人行政经验非常丰富,在朝堂中的影响亦较大,故而明宣宗很多事情都要咨询他们的意见。前文曾提及,在舍弃交趾一事中,杨士奇等人的建议至关重要。塞义与夏原吉等六部尚书或反对舍弃交趾,或主张派兵平叛,他们都没有揣测到明宣宗的真实想法,而杨士奇与杨荣在揣摩明宣宗的真实意图后,直接建言舍弃交趾,并且指出这是圣德之事,由明宣宗一人决定即可,也就是说不要听取部院大臣的建议。此外,阁臣还可参与军队的布防调度。如宣德十

---

① 张廷玉:《明史》卷148《杨士奇传》,第4133页。

年(1435),少傅、兵部尚书兼大学士杨士奇等人献言北境边防事宜。① 明英宗即位后,杨士奇等人利用顾命大臣的身份,全面干预军政。杨士奇等人建言正统初期各区域的军事规划要领:命五府、兵部整饬军马,提督操练,以振兵威;校尉"多有在外假公营私,诬枉平人,挟制官府,瞒昧朝廷,宜减其数,令锦衣卫公正指挥一员提督禁约"②。他们还干预兵部尚书的用人权。如正统三年(1438),杨士奇指出:"今达贼驱杀散亡,而甘肃地方,各有精锐官军操备各官,在彼数多,非惟坐食廪禄,抑且事不归一。宜令兵部会官计议斟酌,或存留,或取回,列其姓名具奏区处。"③

六部之中以吏部为首,吏部的主要职责是选拔官员。明初,内阁随着地位的上升,在此项职权上与吏部也出现矛盾。而整个明朝中后期,所谓的阁部矛盾大多是围绕内阁与吏部而展开的。永乐朝,杨士奇、杨荣经常奉命与吏部尚书蹇义参议政事,也共同辅佐太子朱高炽监国,阁臣与吏部尚书的关系还较为融洽。究其根源在于此时的内阁更多的是发挥顾问作用,并不能直接参与朝政。而且明成祖较为信赖蹇义,终永乐朝,蹇义始终担任吏部尚书一职,无人可替代,吏部的政治地位也明显高于内阁。但阁臣可在宫中值宿,与皇帝朝夕相伴,影响是潜移默化的。洪熙朝,明仁宗对蹇义、杨士奇等人十分信任,先后升任其少保、少傅等三公三孤职衔。因吏部本身品秩较高,在政局中的影响力亦较大,其提升并不使人瞩目,反而内阁的提升更令人艳羡。杨荣、杨士奇、金幼孜、黄淮等兼署六部职衔,虽不实际掌管,但在中央政局的地位和影响力的提高是毋庸置疑的。在朝堂班次上,杨荣、黄淮、杨士奇、金幼孜等人仅次于吏部尚书蹇义,而高于户部尚书夏原吉等人。

宣德四年(1429),吏部尚书蹇义被明宣宗解除部事,吏部再无官员在资历与受皇帝信任方面超过杨士奇、杨荣与杨溥等阁臣。蹇义虽还兼备顾问,

---

① 《明英宗实录》卷10,宣德十年冬十月壬寅,第188页。
② 《明英宗实录》卷1,宣德十年春正月庚子,第32-33页。
③ 《明英宗实录》卷46,正统三年九月丁未,第899-900页。

但由于年老体衰,基本上不理政事,故而宣德朝中后期,明宣宗格外倚重杨士奇、杨荣等人。蹇义卸任吏部尚书一职,但吏部不能没有尚书,故而明宣宗打算提拔时任吏部侍郎的郭琎为尚书。但杨士奇认为郭琎学识寡薄,而吏部事关重大,尚书之人选要慎之又慎,也就是他认为郭琎目前不适合担任尚书一职。① 明宣宗听从了杨士奇的意见,吏部尚书一职暂时空缺。经过认真考核后,明宣宗于次年任命郭琎为吏部尚书。但是郭琎担任吏部尚书期间,"虽长六卿,然望轻",在朝堂上基本上为"隐形人",吏部及吏部尚书最为重要的铨选权基本上形同虚设,史载:"自布政使至知府阙,听京官三品以上荐举。既又命御史、知县,皆听京官五品以上荐举。要职选擢,皆不关吏部。"② 这种方式明显违背明初制度设计的初衷,不利于官员队伍的选拔与考核。郭琎不仅没有谏止,反而默许。至正统年间,有官员认为应由吏部铨选,但为郭琎拒绝,因为他知道明英宗信任杨士奇等人,自己无法推行,且选拔官员要负有一定的责任。总之他尽量避免与杨士奇等人发生直接冲突。当然杨士奇等人并不是直接剥夺吏部的铨选权,这也是不能剥夺的,他们也无法拥有这一职权,否则便违背了祖制。针对这一情形,闫福新指出杨士奇等人"更多的是通过自身的政治影响力和与皇帝的亲密关系加以干预,并不能完全自主决策"③。因为杨士奇、杨荣与杨溥三人特殊的影响力,导致吏部尚书的职权有一定程度的萎缩。前文曾说过杨士奇等人在吏治上的表现,其中有一点便是选拔人才,虽然他们的用意是整顿吏治,但在操作过程中,难免攘夺了吏部之权,而且此举使得他们在朝臣中的影响力非常大,也招致后世史家的指责。

正统朝,杨士奇、杨荣、杨溥以顾命大臣的身份全面参与朝政,彻底挤压

---

① 《明英宗实录》卷160,正统十二年十一月丁巳,第3122-3123页。
② 张廷玉:《明史》卷157《郭琎传》,第4291页。
③ 闫福新:《明代吏部尚书研究》,山东师范大学2017年硕士学位论文,第204页。

了部院的权力空间。直至三人相继离职去世,部院的权力才得以伸张。而他们攘夺部院的权力,为以后阁权的扩张起了不好的示范作用。有明一代,尤其是嘉隆万时期,内阁全面压制部院,至张居正主政时期,六部尚书完全凭借张居正的喜好任职施政,内阁甚至有考核官员的权力。

第三节 三杨的内部分歧

史家一般认为杨士奇、杨荣与杨溥三人共同执政可与唐太宗时期的房、杜,唐玄宗时期的姚、宋相媲美,是较为完美的政治组合。但是金无足赤,人无完人。杨士奇三人也都有各自的打算,在为国尽忠的基础上,也会尽可能地为自己谋利。明清文献对杨士奇、杨荣与杨溥三人之间的内部矛盾记载不多,只寥寥数笔。

明宣宗曾对杨士奇说:"朕初即位,荣数短汝,非义、原吉,汝去内阁久矣。汝顾为荣地耶?"杨士奇立刻说:"愿陛下以曲容臣者容荣,使改过!"①但实际上并不如此,此举别有他意。杨士奇深知名望重要,此举既可以为自己赢得大度之名,又可增加明宣宗对自己的信任。此外,杨士奇在教子一事上很有问题。他甚为溺爱其子杨稷,但杨稷在乡里多有恶行,吏部尚书王直曾打算惩治杨稷,杨士奇因此忌恨王直。

杨荣人品上也存在不足,先后在明仁宗与明宣宗面前诋毁杨士奇、蹇义等人。杨荣素有贪名。因他喜爱养马,边将大都送其良马。明成祖等几任帝王与其关系特殊,对此事皆置而不问,但王振以其贪功诋之。"靖江王佐敬私馈荣金。荣先省墓,归不之知。振欲借以倾荣,士奇力解之,得已。荣寻卒。"②

三杨中,杨溥最为舆论敬佩。在才能上,杨溥或许逊于杨士奇与杨荣,

---

① 谷应泰:《明史纪事本末》卷28《仁宣致治》,第309页。
② 张廷玉:《明史》卷148《杨士奇》,第4137页。

但在品德上却高于二者。晚年他与杨士奇的纷争,被王振利用而获取太皇太后张氏的支持。正统四年(1439),杨士奇与杨溥因福建按察佥事廖谟杖死驿丞之事而争议不决,"溥怨谟,论死。士奇欲坐谟因公杀人",请太皇太后张氏裁决。太皇太后张氏听从了王振的建议,将廖谟调为同知。① 自此,王振干预政事愈烈,并开始排挤三杨,"渐摭阁臣过,侵其权,自士奇以下,皆莫能难也"②。杨溥与驿丞是同乡,而杨士奇与廖谟是同乡。只因同乡关系或者其他原因,杨溥与杨士奇便出现纠纷,互不相让,而根本未考虑大局。

在出兵平定赵王,明宣宗皇后胡氏的废立等问题,三杨皆有争论,前文已有叙述,便不再赘述。

---

① 谷应泰:《明史纪事本末》卷29《王振用事》,第315页。
② 夏燮:《明通鉴》卷22,正统四年十一月,第938页。

第四节　宦官权力的提升

对明史,或者中国古代史有所了解的人来说,明代宦官专权现象比较严重,在相关论著以及通俗读物中,黄宗羲的言论被反复引用,其言:"阉宦之祸,历汉、唐、宋而相寻无已,然未有若有明之为烈也。"①一般认为明代有四大权阉,即王振、汪直、刘瑾与魏忠贤。史家多认为阉祸始于正统时期的王振,而且是在太皇太后张氏与三杨相继去世之后,实则不然。早在明成祖时期,宦官势力便开始抬头,仁宣时期,进一步发展。

史载明太祖对宦官管控甚严,他吸取了前代教训,但是在设置宦官一事上,并没有犹豫。这与皇权的特殊性以及后宫制度有关。明太祖规定宦官不得兼文武职衔,不准与文武官员交往,在宫门上悬挂"内臣不得干预政事,预者斩"的铁牌,甚至不许他们读书识字,以从源头上杜绝他们擅政。但是由于皇帝处于深宫,而外廷官员又不得随意入宫,因此宦官成为二者的桥梁,加之帝王对外廷官员不信任,使宦官成为帝王监视官员的工具。明太祖后期已经开始重用宦官,宦官机构也日趋完善,形成一套独立的行政体系,直接对皇帝负责,而外廷又没有辖制宦官的机构,从制度上给予了宦官擅政的机会。史载建文帝对宦官管控甚严,以至于宫廷内宦官投靠了燕王朱棣。燕王登基后,重用宦官,给予他们监军、出使、分镇等军事政治方面的特权。为了监视朝臣,明成祖又特设东厂,由宦官掌控。东厂的设立使得宦官拥有司法特权,在三法司审案时,必须有宦官出席。明成祖虽重用宦官,但其大

---

① 黄宗羲:《明夷待访录》,中华书局,1985年,第31页。

权独揽,并未出现宦官擅权现象。明太祖与明成祖性格颇似,利用宦官加强自己的统治,对宦官也保持强有力的控制。仁宣之时,情形略有改变。

仁宣之时,明廷形成了较为完善的都察院、六科给事中与巡按御史等监察百官的制度。但是明仁宗与明宣宗并不完全放心,他们担心外廷官员联合起来蒙蔽他们,于是又回到先祖的路数,即重用宦官,从而促使宦官权力逐渐增大,外廷渐不能相抗衡。主要有以下几个方面的表现。

第一,宦官获得了批红权。明太祖严禁宦官读书,但从明宣宗开始,宦官不仅可以读书识字,有些宦官的文化水平还很高,而且在皇帝的授意下,宦官可公然与外廷官员往来。宦官批红权的获得还有一个前提,即皇帝对宦官的信任。宣德元年(1426)七月,明宣宗正式设立内书堂,选任外廷官员教导宦官读书识字,此后成为定制。这就打破了明太祖的祖制。而由外廷官员进行教习,也使得内外廷之间有了正常合法往来的机会。批红权相对于票拟权而言更为重要。原本奏章经由阁臣票拟后,由皇帝亲自批阅,帝王如满意,可直接抄写。由于奏章较多,虽然已经由阁臣分担了一部分工作,但是皇帝时有懒政,为了减轻每日批阅大量奏章的负担,明宣宗赐予司礼监秉笔太监批红权。明宣宗可以说是一代英主,史书记载其能诗擅画。他虽交由宦官批红,对宦官的管控还是较严的,没有出什么差错。而宦官获得批红权,明显减轻了皇帝的压力,遂一直得以保留,并逐渐成为宦官擅权的主要利器。

第二,宦官已开始全面参与朝政。明仁宗先后派遣宦官王贵通、郑和等人镇守南京,以至于各省以及军事要地都有宦官镇守,当然各地都有武将镇守。明宣宗时期,宦官还可随军征讨,如王谨,在明宣宗为皇太孙时便已侍奉在侧,明宣宗即位后,先后获赐银记"忠肝义胆""忠诚自励""心迹双清""金貂贵客"。[①] 外廷官员很难获得这种殊荣。

---

① 张廷玉:《明史》卷304《宦官一》,第7772页。

当然这一切都建立在明宣宗对宦官宠信的基础上,他认为宦官能更好地服务于他。当宦官的骄奢淫恣损害了他的利益时,他也会不留情地惩治。宦官唐受、袁琦凭借明宣宗的宠信,欺压百官,豪夺民众钱财,最终被明宣宗处死,并枭首示众。

　　仁宣两朝,是宦官势力上升的一个重要时期,与阁臣一样,他们的起家也多是依靠与皇帝的朝夕相处,且是皇帝了解外部的重要窗口。当他们的势力一步一步壮大时,势必挤压外廷官员的权力空间。然而面对这些外部冲击,以及打破祖制的举动,三杨并没有实际行动,甚至默许这些改变。如内书堂的设立,三杨没有反对和阻止,只是奏请应慎重挑选教官。司礼监获得批红权,阁臣也没有劝阻,还主动与宦官合作,究其原因似在于皇权。阁臣自身的权力来自皇权,也就是帝王的宠信,在名义上是不合法的,宦官的批红权同样如是,阁臣没有立场反驳。当然此时宦官并没有乱用批红权,没有直接影响到阁权,也没有干预皇帝的决策,阁臣们便睁一只眼闭一只眼。史载此时的宦官与阁臣相处较为融洽。"东杨天资明敏,有果断之才。中官有事来阁下议,必问曰:东杨先生在否?知不在,即回。凡议事未尝不逊。"①

　　明仁宗与明宣宗不断打破旧制,而三杨一步步地妥协,最终造成王振擅权,三杨只能空有余恨。谈迁就指出杨士奇不能牵制王振,"犹恋荣宠"②。王振对三杨的冲击,我们在下一节中再讲述。当然这些问题的产生不能全部归咎于三杨,仁宣以及英宗时期的高品秩朝臣,眼见宦官势力扩张,都没有及时应对,甚至没有引起足够的重视。

---

① 焦竑:《玉堂丛语》卷2,中华书局,1981年,第35-36页。
② 谈迁:《国榷》卷26,英宗正统九年三月甲子,第1662页。

第七章
三杨谢幕

　　杨士奇在内阁时间长达四十三年,杨荣达三十七年,杨溥达二十二年。时间的车轮滚滚前进,他们三人年事已高,逐渐退出历史舞台。

第一节 少年帝王明英宗

明宣宗与他的父祖辈相比，在子嗣方面颇为艰难，一共育有两子三女，朱祁镇是明宣宗的长子，即明英宗，是明朝唯一一位两任帝王之人。另一子为郕王，即后来的景泰帝。明宣宗有两任皇后，第一任是胡皇后，因无子被降为贵妃，第二任为英宗生母孝恭章皇后孙氏。在正式讲述明英宗之前，我们先简单了解一下明宣宗为什么会废后。废后既是皇帝家事，又是国事。皇后贵为一国之母，无实际过失不可轻废。明初五任帝王，也就明宣宗一人有两任皇后。此既显示出明宣宗的情感选择，又能显示出当时的君臣关系。

明英宗

（来源：《中国历代帝王名臣像真迹》）

一、明宣宗和废后

据史籍所载，明太祖、明成祖与明仁宗的后妃多出于明初的勋贵。鉴于历朝后妃外戚干政，明太祖曾规定，天子及亲王后妃宫嫔等应皆选自良家女子[①]，就是所谓的选秀女。明宣宗以后，皇帝的后妃以及宗室子弟的妃嫔、驸马仪宾大都出于民间，明朝未曾出现后妃与外戚干政现象。

胡皇后，闺名胡善祥，山东济宁人。

---

① 《明太祖实录》卷52，洪武三年五月乙未，第1017-1018页。

其父胡荣为锦衣卫百户长,是下级官员,其长姐曾在洪武朝担任女官。永乐十五年(1417),明成祖下令为皇太孙朱瞻基选妃。胡善祥因"天性贞一,举止端庄"被选为皇太孙妃。明仁宗即位后,她被册封为皇太子妃;明宣宗登基,被立为皇后。孙皇后,山东邹平人。其家庭亦是普通家庭,其父捐资得官职永城主簿,遂携带全家移居永城(今河南永城)。太子朱高炽之妃张氏的母亲是永城人,一直听闻孙氏聪明机智,仪表出众,便经常向太子妃张氏提起,引起后者的注意,遂召孙氏入宫,并由张氏抚养,教其宫中礼仪。与胡氏相比,孙氏更早结识了明成祖、皇太子朱高炽与皇太子妃、皇太孙朱瞻基,相貌又较为出众,但不知何故,却未被选为皇太孙正妃。史书上语焉不详,只从相术天意方面交代胡氏有异象。孙氏在宫中由皇太子妃亲自抚养,自己、家族,乃至旁人都认为其应是皇太孙正妃的不二人选,可是现实给予其当头一棒,始终屈居于胡氏之下。想必他们内心都有些许不满。如皇太子妃张氏的母亲便为孙氏打抱不平,但终究不可改变这一事实。也许是出于对孙氏境遇的愧疚,明仁宗曾赐孙氏贵妃冠服。皇太孙朱瞻基甚为尊敬明成祖与明仁宗,未直接反对,但他的内心颇为不甘。他似乎更倾向于孙氏,毕竟相知已久,且孙氏的容貌要优于胡氏,性格也更加柔顺。

祖、父在世,明宣宗不敢有所变动,当他成为天下之主时,意图改变此情形。在立谁为皇后的问题上,太子妃胡氏应顺理成章册为皇后。明宣宗虽心有不满,在皇太后张氏的干预下,最终还是册封胡氏为皇后,册封孙氏为贵妃,品秩上仅次于皇后。明宣宗又以贵妃行为举止得体,孝顺皇太后,实为贤内助,予其金印。明制,皇后有金宝金册,而贵妃及其以下妃嫔只能有金册,明宣宗此举开了先河,故而史家称"贵妃有宝自此始"[①]。文官集团虽认为此举违制,但见明宣宗心意已决,且此举尚不会带来连锁反应,影响朝政,便没有阻拦。然而皇太后张氏与皇后胡氏的沉默,文武百官的助推,助

---

① 张廷玉:《明史》卷113《后妃宣宗孝恭孙皇后》,第3514页。

长了明宣宗与孙氏的欲望。

明清两朝史家对皇后胡氏的境遇多表示同情,对她的刻画描述也多是正面的。在面对如此境遇,即明宣宗的冷淡与贵妃孙氏的步步紧逼,皇后胡氏始终恪守礼法。胡氏与孙氏是否有所争吵,史书没有记载,估计会有,最大的斗争点似在子嗣方面。

至明宣宗即位时,他有三个女儿,尚未有子,皇后胡氏与贵妃孙氏都未育有儿子。古代十分强调子嗣,母凭子贵。胡氏想巩固位置或者孙氏想要再进一步,必须先育有皇子。而贵妃孙氏赢得了先机。

宣德二年(1427)十一月,孙贵妃生下一名皇子,即后来的明英宗。有史家认为明英宗不是孙氏之子,另当别论,此处不予讨论。这个消息一传开,几家欢喜几家愁。喜的不用说,当然是孙贵妃与明宣宗,愁的则是皇后胡氏,以及政治嗅觉敏锐的朝臣。

明宣宗得知此事,非常高兴,原因有二,一是帝位后继有人,二是自己宠爱的贵妃孙氏先育有皇子。爱屋及乌,明宣宗也非常宠爱孙氏之子,这一点史书记载颇多,如他立即大赦天下,下令下一年各处税粮盐粮一律蠲免三分之一,把儿子带到朝堂,令群臣拜见,等等。见到明宣宗如此宠爱贵妃孙氏与皇长子,已经冷落皇后胡氏,部分官员开始进行政治投机。以太师英国公张辅为首的部分官员积极上疏奏请明宣宗早立太子。虽没有直接点明,但是太子人选只有孙贵妃之子一人。不知是明宣宗尚未有立太子之意,还是在等待时机,他没有同意张辅等人的奏请。而张辅等官员也没有气馁,作为政客,他们自然深知退让只是客套,只是形式,历来如此。他们继续奏请,最终明宣宗同意立贵妃孙氏之子为太子。他们都没有考虑皇后胡氏尚且年轻,还有生育皇子的可能。或许他们知道胡氏大势已去,毕竟明宣宗对其极其冷淡,不去皇后宫中就寝,如何生子呢?这时明宣宗已有改立皇后之心,当然过程还是比较艰难的。

册立贵妃孙氏之子为太子后,朝野与宫廷内外都在传明宣宗可能改立皇后，明宣宗所依赖的核心官员已经意识到明宣宗会有下一步行动，他们也在思量对策。果然，明宣宗很快便召见张辅、蹇义、夏原吉、杨士奇与杨荣五人，语重心长地说："朕年近三十都未有子嗣，如今孙贵妃育有一子，母从子贵，古亦有之。但中宫应如何妥善处置呢？"为了使五大臣支持他的决定，他还说了皇后胡氏的几个过失。虽然五人皆知改立皇后是必然之事，但废后不是小事，不敢轻易言说，彼此都沉默，等待他人先言。此时，杨荣也许察觉明宣宗最近一段时间在疏远自己，为急于表明立场，便率先打破沉默，他说："仅凭皇上您说的这几件事情就足以废掉皇后胡氏了。"明宣宗故作沉思，又问道："历史上有废除皇后的先例吗？"或许他已查到历史上有废后事，不然不可能举出皇后胡氏的过失。他将自己的意图表露无遗，把难题交由五位大臣。见明宣宗心意已决，蹇义回答道："有，宋仁宗降郭后为仙妃。"明宣宗听到此言后，甚为满意。

这个时候，张辅、夏原吉和杨士奇还没有表态，依旧保持沉默。明宣宗较为恼怒，直接点名，问他们为何不发表言论。见此情形，他们三人知道今天必须表态，但还是试图回避。杨士奇说："臣于皇上皇后而言，犹如儿子侍奉父母，皇后母仪天下，是母亲，我们是子，子岂当议废母！"张辅虽然对册立太子一事甚为积极，但对改立皇后一事持保留态度。夏原吉亦是如此。在明宣宗再三询问下，张、夏二人才表态说："废后是一件大事，容臣等详细商议后，再来答复。"

明宣宗见五大臣中只有二人支持他，有些恼怒，言道："此举得不贻外议否？"已明了明宣宗意图的蹇义，担心明宣宗恼怒张辅等三人，回答道："废后一事自古就有，何得议之！"也就是我们今天就内部讨论，皇帝您定主意，无须交给外廷商议。青史留名可以说是古代中国士人的追求与精神信仰，在这一追求与信仰的指引下，他们非常注重自己的名声。废后一事事关重大，而皇后胡氏又没有较大过失，废后之举不符法律，也不符合儒家伦理。今天虽为内部讨论，但所商议内容定会传出朝野，定会被他人知晓，那时又该如

| 第七章 三杨谢幕

何收场!胡氏无过被废,他们不仅没有阻止,反而促成,被史官记录,会遗臭万年,所以必须谨慎处理。于是杨士奇反驳道:"宋仁宗废郭后,孔道辅、范仲淹等十几名官员进谏,被宋仁宗贬职,至今史册仍对宋仁宗有非议,怎么说没有议论呢?"杨士奇态度十分坚决,张辅与夏原吉则始终不表态,只强调应该交由廷议讨论。于是此次商议无疾而终。

夏原吉与蹇义并称"蹇夏"

(图像源自华人德主编:《中国历代人物图像集》,上海古籍出版社,2004 年)

  从皇宫出来之后,五人并没有立即返回家中,而是在路上商量此事。杨荣与蹇义已站在明宣宗一边,二人对夏原吉和杨士奇说:"皇上其实早就意图废后了,不是我们可以阻止的。"潜台词就是皇上心意已决,我们只有顺从,以免失掉圣眷而被贬斥。夏原吉也深知不可再谏阻,但是如此废后又确实不妥,只能退而求其次,提出应当妥善安置胡氏。杨士奇也说:"今天听皇帝所述胡氏之过失,都构不成可以废后之罪。"杨士奇的话可从两个方面进行解读,一是为皇后胡氏辩护,二是在提醒杨荣等人,也包括自己,这些过失不足以构成废后的理由,应再寻找其他过失。

  次日,明宣宗只宣杨荣与杨士奇觐见,询问他们昨日商议的情况。杨荣遂把他连夜所列举的有关皇后胡氏的二十多条过失呈交给明宣宗,并说按照这些过失便可以光明正大地废除皇后了。明宣宗拿过来一看,便"艴然变色",恼怒地说:"皇后胡氏什么时候做过这些事情?宫庙无神灵乎?"明宣宗虽一意废除皇后胡氏,但也不敢滥加其罪,毕竟皇后胡氏甚为贤德,只是自己不喜罢了,如此诬陷,天地神明必将怪罪。杨荣见自己的招数未得圣心,便不再言语。明宣宗只得询问杨士奇,希望他能说一些支持的话。而杨士奇回答道:"汉光帝废后,诏书中写道'异常之事,非国休福'。宋仁宗废后,此后亦悔恨废后之举,希望陛下您慎重考虑。"明宣宗没有得到支持,"不怿而罢",草草地结束此次商议。但明宣宗仍不死心,他认为五大臣中,杨荣与蹇义是站在自己这边的,张辅与夏原吉二人原则性不强,属于摇摆不定的,只有杨士奇坚决反对,于是决定单独召见他。杨士奇知道明宣宗必定会单独召见他,在家思量应对之策。过了几天,明宣宗果然又召见杨士奇,而杨士奇也知道自己独木难支,便以皇太后张氏为由,说此事皇太后一定有所议论。明宣宗说我与你们商议此事,就是皇太后授意的。杨士奇不再言语,知道胡氏基本上保不住皇后这一位置了。明宣宗没有继续追问,而杨士奇等人也没有再与明宣宗商议此事,表面上来看废后一事似乎停滞了。然明宣宗知道杨士奇态度似乎有所松动,或者是杨荣等已经告诉明宣宗杨士奇在这件事情上的底线,也许从一开始,杨士奇就是知道事不可违,只是为了名声,为了皇后胡氏的境遇做一些力所能及的事情。时隔数日,明宣宗又单独在文华殿召见杨士奇。明宣宗直截了当地问:"如何处置胡氏为当?"杨士奇此次也没有推脱或者顾左右而言他,而是直接问:"皇后和孙贵妃相处得如何?"明宣宗顺着杨士奇的话,回答道:"她们相处得非常和睦。母以子贵,如今孙氏子已为太子,其母之位也应提升。皇后胡氏如今病逾月矣,贵妃孙氏每天都前往探视。"杨士奇看谈话至此,便不再搪塞,献策说:"皇后身子羸弱,皇上您可劝导皇后主动提出让位,如此则进退以礼,而圣眷亦不衰。"明宣宗认为此计策甚好,便让杨士奇离开,思考由何人前往劝说胡氏。又过了数日,明宣宗再次召见杨士奇。高兴地对他说:"你之前所献方法很好。朕已对皇后说了,她也接受这一方式,上表辞后位。"当然明宣宗亦维护太后张氏与贵妃孙氏,说她们二人反对,然皇后胡氏心意已决。杨士奇见废后已成定局,就对明宣宗说,希望皇上您以后善待胡氏,昔日宋仁宗废郭皇后,但对郭氏的待遇始终不减。明宣宗看到孙氏即将成为皇后,很高兴,也认同杨士奇的建议,说朕决不食言。于是废后之议便宣告结束。①

宣德三年(1428)三月,明宣宗颁布了改立皇后之谕旨,由驸马都尉西宁侯宋瑛担任正使、太子少傅工部尚书兼谨身殿大学士杨荣为副使,持节册贵妃孙氏为皇后。②

子以母贵,母以子贵,此言在贵妃孙氏与其子英宗身上得到了完美诠释。如若不是孙氏之子,英宗不会受到明宣宗如此宠爱;孙氏如不率先育有皇子,明宣宗也没有理由立其为皇后。而册立与废后都是大事,然明宣宗未交由廷议,任凭个人喜好,便废除无明显过失的胡氏,为其明君形象减色不少。而杨荣等人一意婉承圣意,颇有阿谀固宠之嫌疑。即使如杨士奇,也只是象征性地阻止一番,并无实际行为,与他谏阻其他事情时的行为不一致。也许杨士奇、杨荣等人认为,只要不影响国本,明宣宗宠爱哪一位妃子,或改立皇后都可以。整体而言,明宣宗册立贵妃孙氏之子为皇太子,改立皇后之事较为顺利,也没有出现如万历朝国本之争情况。

二、三杨与经筵制度

婚后十余年,直至宣德二年(1427),明宣宗朱瞻基已三十岁,方有一子,且是其爱妃所生,故而明宣宗十分宠爱其子,似乎要将所有的东西全部给予他。宣德八年(1433)二月,明宣宗命太师英国公张辅、太子太保成国公朱勇、兵部侍郎王骥等人,选拔京卫武职舍人以备太子随侍,又多次令朱祁镇

---

① 谷应泰:《明史纪事本末》卷28《仁宣致治》。
② 《明宣宗实录》卷39,宣德三年三月癸未,第955页。

陪同出席一些政治场合,如宣德九年(1434)三月初一,明宣宗让朱祁镇在文华殿接受群臣朝拜。朝臣知道明宣宗这些举措的用意,也甚是配合。杨士奇等人说道:"《书》称汤之勇智、武王之聪明,皆本于天生。臣于今信矣诚。"① 从明英宗的执政经历来说,杨士奇等人之语言过其实。

即使朱祁镇天赋异禀、聪颖锐志,即使他毫不犹豫地回答其父的问题,果断地说敢亲率军队讨伐作乱者,但仍需有执政的实际经验,也必须对其进行治国理政方面的教育。前文曾提及明初几位帝王非常重视皇室子嗣的教育问题,方式也很多样。明宣宗既立朱祁镇为太子,他也就是日后的明朝皇帝,明宣宗为了让其成为一位合格的君王,成为自己合格的继承人,很早便选拔饱学之士对其进行教育。然即使通过死记硬背,朱祁镇明了儒家经典,熟知治国之道,但毕竟年少,不可能深刻领会其中要旨,更何况其还年幼,心性未定。在明代帝王中,乃至古代中国所有帝王中,明宣宗可谓是一名较为贤德之君,他比较勤政,要处理繁杂的国家大事。而且明宣宗多才多艺,喜欢游玩,这使他陪伴朱祁镇的时间并不多,以身作则对其进行教育的时间也不多。再加上他格外喜爱朱祁镇,不愿强制性地约束朱祁镇的行为。此时朱祁镇尚年幼,明宣宗认为教育不可操之过急,需要徐徐推进。宣德九年,朱祁镇八岁时,明宣宗与杨士奇、杨溥等人商讨太子读书一事。但明宣宗没有想到,还没有充分教育好储君,没有给予其充分的执政经验,他就病逝了。朱祁镇即位后,明宣宗的托孤大臣们上奏太皇太后张氏,奏请行先帝明宣宗未竟之事。

杨士奇率先奏请,他指出明宣宗曾命太子朱祁镇出阁读书,先帝虽已去世,但出阁读书不能耽搁。杨溥等人也上疏言道先帝明宣宗经常与他们讨论太子朱祁镇学习一事,奏请太皇太后张氏和皇太后孙氏开经筵,挑选饱学之士、品行端庄之士侍从明英宗读书。杨士奇、杨溥等人虽以先帝之名义奏

---

① 《明英宗实录》卷1,宣德十年正月,第2页。

请,但此时的明英宗尚年幼,对读书并不在意,太皇太后张氏和皇太后孙氏虽然认可杨士奇等人的建言,也未过多干预。此时的明英宗在宦官王振的陪伴下,沉迷于校阅骑射、巡幸西苑等活动。故而,杨士奇、杨溥等人的希望落空。

但是他们不灰心,认为对明英宗进行儒家理念教育,使其成为贤君,方不负明宣宗托孤之意。正统元年(1436)二月,杨士奇、杨荣与杨溥三人再次联名上书,指出讲学之利,请命礼部、翰林院详定讲筵礼仪,开经筵。在三杨的推动下,太皇太后张氏也意识到不可再由明英宗恣意玩乐,是年三月,经筵开讲。① 太皇太后张氏任命英国公张辅知筵经事,杨士奇、杨荣、杨溥、胡濙同知筵经事,王直、李时勉、陈智等充讲官。小皇帝必须去上课,听这些大儒在文华殿上讲经,每月三次。② 经筵讲读的主要内容是以四书五经为核心的儒家经典著作。讲官们往往先讲解原文,结合自己的理解进行阐释,再联系当时的历史环境加以劝谏。然四书五经内容本就晦涩,这些讲官虽是饱学之士,但在讲述的过程中,很难做到易懂,远不如张居正为明神宗所编辑的《帝鉴图说》生动形象。

杨士奇等人力求推行经筵教育,是想用儒家政治理念熏陶明英宗,继而影响他的执政理念与方式。虽然史称"或以玩好奉之,若不经意",但明英宗此时还是一个小孩子,也有小孩子爱玩的天性。而太皇太后张氏和三杨对于增强皇帝儒家造诣、期其成为圣王的心情过于迫切,给明英宗安排的教育远远超过明英宗的接受能力。经筵对明英宗到底产生了怎样的影响,不易评说,但至少三杨的目的没有实现。也许在明英宗心里,枯燥而严格的经筵教育或者说是儒家教育远远不如王振为他安排的活动有趣。

在明代十六位帝王中,明英宗的即位年龄是最小的,也正因为年龄小,

---

① 《明英宗实录》卷14,正统元年二月丙辰,第262-263页。
② 参阅潘婧玮:《明英宗经筵研究》,西南民族大学2017年硕士学位论文。

所以在最初的几年中,他受制于太皇太后张氏与三杨等托孤大臣,并没有充分享受到身为帝王的无上权力。在正统六年(1441)十一月初一,明英宗颁诏大赦天下,也意味着他亲政。诏书涉及赦免罪囚、蠲除赋税、罢不急务、整顿吏治、选用贤才、敦厚教化、兴修水利、发展农作、裁撤冗员、安辑流民等42项内容。① 诏书体现了明英宗迫切希望国家在他的治理下井井有条的心情,是其对亲政后政治蓝图的憧憬。可惜的是,被明宣宗与杨士奇等人寄予厚望的明英宗在面对各种各样的问题时,并没有提出并推行一些行之有效的解决方法,甚至由于他的任性与无能,自己也被蒙古军队俘虏,使得明朝局势变得混乱,国力也开始衰落。

三、明英宗与王振的情谊

王振是明代著名权阉,开启了明代宦官干政的序幕。与其他权阉不同,王振在土木堡之变中死于非命,于景泰朝备受斥责,但明英宗再次即位后,思念王振,为其平反,又为他建旌忠祠,用香木为其雕像,祭葬招魂。诸如汪直、刘瑾、魏忠贤无论多显耀,一旦被惩治,就未再得圣宠,恢复名誉,足可见王振的特殊性。而这些都是基于明英宗与王振之间的深厚情谊。

王振,河北蔚州(今蔚县)人。永乐年间,入宫中为宦官,被简选服侍太子朱高炽。虽然明太祖规定宦官不得读书识字,但作为太子的侍从,需要一定的文化水平,故而他在宫中接受教育。② 按照王振的自述,他深得明仁宗的宠信,被委以重任;而明宣宗对其也是照顾有加,在巡边时,命武定侯郭玹、西宁侯宋瑛等留守,太监杨瑛、李德、王振等提督皇城内外事务。明宣宗又命王振为东宫局郎,侍奉太子朱祁镇读书,于是王振得以与太子朱祁镇朝夕相处,犹如三杨与太子朱高炽、太子朱瞻基一般。王振恪守本分,谨遵明

---

① 《明英宗实录》卷85,正统六年十一月甲午,第1685-1696页。
② 也有文献记载王振曾任教职。参考查继佐:《罪惟录》卷29下《王振传》,第2617页。

制,故而深得明成祖、明仁宗与明宣宗的宠信。侍奉太子朱祁镇时,他"夙夜在侧,寝食弗违,保卫调护,克尽乃心,赞翊维持,糜所不至"①,使得太子朱祁镇对他又敬又怕,"雅敬惮之",常以先生称呼王振,而不直呼其名。如此而言,在英宗朝,王振也可以说是三朝老臣。在朱祁镇幼年时,王振扮演了侍者、老师、玩伴的三重角色。换言之,宦官与储君朝夕相处,其"对未来皇帝思想、性格和兴趣爱好等方面所给予的影响,远非那些后来为太子讲解经书的翰林院讲官们说教的效果所可比拟的",这种长期相处而形成的亲密关系,也是王振等宦官擅权的政治资本。②暂时不能得知宦官在宫中接受了怎样的教育,但想来是灌输忠君思想,并以前代负面例子警示之。明代外廷没有管制宦官的机构,因此宦官只需对皇帝负责。他们不需要如外廷官员那样考绩,他们只需得到皇上的宠信就足矣,至于外廷官员的赞誉只是锦上

《英宗谕祭王振碑》

(来源:中国历代名人图像数据库)

添花。出于此种考虑,面对皇帝,王振谨慎行事,中规中矩以赢得其信任;对大臣,尤其是政治核心圈内的官员,待之以礼,故而王振起初声誉较好。

明英宗即位初期,王振的表现也是可圈可点,遵章守制。如明英宗曾与侍从击球,王振知道后,前去阻止,并在内阁中当着诸大学士的面,劝谏明英宗,"先皇帝为一球子,几误天下。陛下复蹈其好,如社稷何?"明英宗甚为惭

---

① 《明英宗实录》卷137,正统十一年正月庚辰,第2720页。
② 欧阳琛:《明代的司礼监》,《江西师范大学学报(哲学社会科学版)》1983年第4期,第12-21页。

愧。此举得到杨士奇等人的称赞:"宦官中宁有是人!"①明宣宗喜欢斗蟋蟀,民间与官员为迎合皇帝的个人爱好,也开始斗蟋蟀,带来了一定的负面影响。太皇太后张氏主持朝政,但她不可能亲自去内阁传口谕,而多是派遣宦官。与其他恃宠而骄的宦官不同,王振至少在表面上表现出对三杨非常尊敬。他每次去内阁传旨,都会停在门外等候而不是直接进去,只有三杨请他进去之时,才会进去。且与三杨讲话的时候,他也表现出一种非常荣幸与谦虚的态度,让人丝毫感受不到他是皇上的心腹。这些都使得三杨对其产生了一个错误的印象,他们认为:这人好像还不错!在取得明英宗、三杨的信任后,王振最终入司礼监,任职掌印太监,成为权势最大的宦官。

郑和雕像

(在太仓、昆明、南京以及马来西亚马六甲等地都建有纪念馆或博物馆。因其传奇经历,历来备受文学家的青睐,被演绎成文学作品,如罗懋登《三宝太监西洋记通俗演义》、杂剧《奉天命三保下西洋》、彭鹤龄《三保太监下西洋》。当代亦有相关影视剧)

明代宦官衙门俗称二十四衙门。起初内官监是宦官衙门中最重要的一

---

① 查继佐:《罪惟录》卷 29 下《王振传》,第 2617—2618 页。

个部门,明成祖的心腹宦官郑和就在内官监任职。至明宣宗时期,此种情形发生改变,司礼监取代了内官监的政治地位。司礼监原本的职责是掌管宫廷礼仪。明宣宗设立内书堂,宦官得以读书识字。明宣宗又赐予司礼监批红权,使其可以参与朝政,可代传皇帝谕旨等。沈德符对司礼监的政治地位做过如此描述:"司礼今为十二监中第一署,其长与首揆对柄机要,金书、秉笔与管文书房,则职同次相。其僚佐及小内使,俱以内翰自命,若外之词林,……内官监视吏部,掌升选差遣之事。今虽称清要,而其权俱归司礼矣。"①

王振在永、洪、宣三朝与正统朝的表现截然不同,为什么会出现这种情况呢?何孝荣先生认为是因为王振权势增大后,"目睹君幼臣老,野心大增"。② 此时三杨皆已七十岁左右,功名已成,无雄心壮志,蹇义、夏原吉等元老早已去世,明英宗又特别宠信王振,难免促使其产生非分之想。当然,王振也一步步在试探,看明英宗与朝臣的反应。正因为明英宗的纵容,朝臣尤其是三杨的沉默,方使得王振肆无忌惮。明人就曾指出:"三杨老臣也,不能请诛振,太后欲诛之矣,又求释之,令帝蒙尘而国几覆。振固不容于死,三杨非乱首哉!"③

王振怂恿明英宗加大对官员的管理与惩治力度,实际上是王振狐假虎威,意图假借明英宗的名义,树立自己的威望。如正统元年(1436)十二月,兵部尚书王骥等人商议边事,没有及时上奏给明英宗,然因议题重大,王振趁机对明英宗说造成这样的局面是他们欺负你年幼,明英宗大怒,命人缉拿王骥等人下狱。④ 因为王振的唆使,礼部尚书胡濙、户部尚书刘中敷、刑部尚书魏源、都御史陈智等高品秩的朝臣先后被缉拿下狱。王振借明英宗之名打压朝臣,以至于一些奸佞官员纷纷投靠王振。如工部郎中徐晞看到王振

---

① 沈德符:《万历野获编补遗》卷1《内官定制》,第814页。
② 何孝荣:《太监王振与明英宗》,《南开学报》2013年第2期,第65-73页。
③ 张怡:《玉光剑气集》卷4《国是》,北京:中华书局,2008年,第149页。
④ 夏燮:《明通鉴》卷22,正统元年十二月,第917-918页。

的政治地位，便巴结奉承，王振沉醉于被他人阿谀的感觉，于宣德十年（1435）九月，以"督工劳"的名义授其为兵部右侍郎，镇守甘肃。徐晞后又贿赂王振，改为南京户部左侍郎。① 明英宗对王振所为往往置之不问。三杨是托孤大臣，王振不敢轻易得罪，但三杨并没有利用自身特殊的政治地位，向王振发起攻击，恢复朝政，反而与之妥协。选拔人才是明英宗与吏部的事务，然王振也参与此事，甚至卖官鬻爵，结党营私。史载王振曾向三杨咨询，在朝的同乡官员中有没有可以担任京官的。三杨明知道王振此举是想培植自己的势力，不仅未加制止，反而举荐薛瑄，于是王振想办法授予薛瑄大理寺少卿一职。王振又派人找薛瑄来见，但被薛瑄拒绝。三杨便劝薛瑄，直言他的职位提升是王振所为，应前往答谢，然又被薛瑄拒绝。一天，王振在朝堂上问起薛瑄，三杨无奈，又让李贤前往劝说，但仍被薛瑄拒绝，并义正词严地说道："拜爵公朝，谢恩私室，吾不为也。"于是被王振忌恨。② 薛瑄是著名的理学家，有气节，认为不能与宦官交结；而三杨自幼深受儒家经典著作熏陶，此时却向现实的政治环境妥协。

王振见无人制衡自己，气焰愈发嚣张，压制朝野舆论，对反对者与不奉承者施以残酷打压。如国子监祭酒李时勉是著名儒臣，德高望重，非常受学生爱戴，但未迎合王振，王振对其心生怨恨，费尽心思给李时勉网罗罪名。国子监彝伦堂有几株柏树，李时勉认为这些繁多的树枝会遮挡监生们的视线，就下令把旁枝砍伐掉。此举被王振诬陷为砍伐官家的树木用作私用，用重达百斤的枷锁架在国子监的门外，十六天才把李时勉放回。③ 再如驸马都尉焦敬作为皇家的乘龙快婿，因为待王振没有行屈礼，也被"荷校于长安右门"。④ 以至于官员"无大小皆望风拜跪"，不敢直呼王振的名字，而以父翁称

---

① 雷礼：《国朝列卿纪》卷47《徐晞传》，续修四库全书第522册，第757页。
② 张廷玉：《明史》卷282《薛瑄传》，第7228页。
③ 谷应泰：《明史纪事本末》卷29《王振用事》，第318页。
④ 张廷玉：《明史》卷10《英宗前纪》，第134页。

之。明英宗处理朝政时,王振为避免官员弹劾,也陪同明英宗召见群臣,最终他"夺主上之大柄,怀奸狭诈,紊祖宗之宪章,每事不由朝廷,出语自称圣旨"①。他把明太祖朱元璋所立的"内臣不得干预政事,预者斩"之匾额也砸碎了,但上至明英宗,下至官员,都没有发表意见。王振见三杨未有大动作,终于对三杨动手了。王振也知内阁重要性,遂有意对杨士奇、杨荣说道:"朝廷事赖三先生,然皆高龄倦疲矣。"杨士奇回答道:"老臣当尽瘁报国。"杨荣也回答道:"不然,当荐几个后生报主耳。"于是他们荐举陈循、高谷、苗衷、马愉等人入阁。② 王振的本意是想安排自己的人入阁,胁迫三杨致仕。而杨士奇等人也没别的办法应对王振的胁迫,只能自己主动提拔人选入阁。

随着王振的羽翼渐丰,他俨然成为明朝的"二皇帝"。他的背后站着的,是中国古代封建政治制度的权力中心。正统十一年(1446),明英宗特赐王振敕书,言辞极尽褒美:

朕惟旌德报功,帝王大典。忠臣报国,臣子至情。尔振性资忠孝,度量弘深。昔皇曾祖(明成祖)时,特用内臣,选拔事我皇祖(明仁宗)。教以诗书,玉成令器。眷爱既隆,勤诚弥笃。肆我皇考(明宣宗),以尔先帝所重,简朕左右。朕自在春宫至登大位,几二十年。尔夙夜在侧,寝食弗违,保护赞辅,克尽乃心,正言忠告,裨益实至。特兹敕赏,擢尔后官。《诗》云:"无德不报。"《书》曰:"谨终如始。"朕朝夕念劳,尔具体至意焉。③

可见王振和明英宗的感情非同一般,远不是三杨能比的。王振的权势一步步壮大,无论是否有人进谏,明英宗都无动于衷,对王振始终宠爱有加。

可能很多人难以理解明英宗的行为。他不可能不知道王振到底在干什么勾当,可是他却对王振的所作所为睁一只眼闭一只眼。或许我们并不能过分苛责明英宗对王振的态度,这里面有更深层次的原因。

---

① 《明英宗实录》卷191,景泰元年夏四月丙申,第3968页。
② 焦竑:《玉堂丛语》卷5《识鉴》,中华书局,1981年,第150页。
③ 谷应泰:《明史纪事本末》卷29《王振用事》,第319页。

中国的历朝帝王,除了开国君主是一路打拼上来的,其余的帝王都是深居宫中,与世隔绝。尤其是作为储君,更是缺乏一般人所能得到的父爱与母爱。皇子被立为储君之后,不能同生母生活在一起,而作为父亲的皇帝每天忙着处理军国大事以及应付后宫三千佳丽,很少有时间给予储君父爱。伴随着储君长大的,就是每天朝夕相处的宦官,皇子就将对父亲、母亲的情感转移到每天朝夕相处的太监、乳母身上。而明英宗对王振的感情,或许就是这种情感转移的结果。但令人费解的是,皇城中那么多宦官,也有一些从小就陪伴明英宗之人,但是明英宗只宠信王振一人,任何得罪王振的宦官,不管对错,一律惩罚。正统八年(1443)十月,宦官张环、顾忠匿名写书信攻讦王振,事觉,明英宗下令将他们磔于市,并命令所有的内官观看行刑以儆效尤。① 关于王振是如何维系他与明英宗的关系,史书记载不详。如果用现在的话来讲,明英宗似乎被王振洗脑了,甚至可以用"控制"来形容他们的关系。在这段君臣关系中,明英宗显然是被动的一方。有一条史料可佐证之。正统六年(1441),因北京故宫奉天、华盖、谨身三殿竣工,明英宗赐百官宴。明制,宦官不得参加廷宴。碍于祖制,明英宗未让王振参加。但当天明英宗担心王振生气,命内官"视先生何为",而王振此时非常恼怒:"周公辅成王,我独不可一坐乎?"内官回去后,将王振的言语汇报给明英宗,明英宗"蹙然"。"蹙然"一词有两种解释,一是局促不安,二是忧愁不悦,无论取何种意思,对明英宗来说都不应该,身为皇帝却怕(担心)王振。明英宗思量再三,最终命打开东华门的中门,由王振自行出入。王振抵达宴会地,"百官皆望风拜"②,明英宗竟然也没有惊讶。

三杨早失去进取心,眼看局势混乱,只想顾全自身。而王振与明英宗这种特殊的感情关系,使得三杨等朝臣在王振的气焰下,一再妥协,一再奉承

---

① 《明英宗实录》卷109,正统八年冬十月丁亥,第2202页。
② 谷应泰:《明史纪事本末》卷29《王振用事》,第316页。

迎合。三杨只得依靠太皇太后张氏,但是似乎也没有取得良好的效果。

　　本章节所述内容主要围绕明英宗对王振的宠信而产生的一系列反应,并不是说在正统初年,三杨毫无作为,只是在面对王振擅权时,三杨选择了虚与委蛇,最终造成了王振擅权之势不可逆转。

第二节　三杨的无奈与妥协

一、最后的辉煌

明宣宗朱瞻基弥留之际，为自己年幼的儿子选好了五位顾命大臣，他相信有了这五位顾命大臣的辅佐，自己的儿子一定能顺顺利利地当一个好皇帝。主少国疑，这个时候的小皇帝肯定是管不了事的，大权都落在了太皇太后张氏手上。当时很多大臣上奏请太皇太后张氏垂帘听政，但太皇太后不允。史载在太皇太后张氏和三杨的辅佐下，正统初年，国内呈现出一派欣欣向荣的景象。

从某种程度上来说，张氏是信任与依靠内阁的，因为阁臣都是先帝遗臣，忠心不二。张氏"委政内阁"，并下令凡朝廷政务，须先经内阁会议，由她审核后，然后交府、部、院、寺等衙门去执行。内阁的政治地位由此又得到了提升。实际上，张氏也参与了朝政。自宣德六年（1431）十二月，大学士金幼孜去世，只有三杨在阁处理阁务，直到正统初期，一直只有三杨在阁。他们利用这种局面，同时借助明宣宗的遗诏与太皇太后张氏的信任，牢牢把控阁权，其他元老，甚至是同为顾命大臣的张辅、胡濙皆不能与之抗衡，使阁权达到了高峰。

正统初期，三杨都直接参与朝廷政务会议。因明英宗年幼，暂时不能亲自处理朝政，然又不能不接触政务，因此太皇太后张氏与三杨决定每天由其处理一定数量的奏折。三杨从他们每日票拟的众多奏疏中挑选出八件交由皇帝最终决定。至于这些奏疏是否关系国家大事，我们无从得知。此时内阁成为阁臣议事的场所,也是朝堂政务运作最为中心的一环,甚至六部官员也要前往文渊阁与阁臣议事。

除了草拟奏疏外,三杨还可表达施政意见,全面参与朝政,而不是只备顾问咨询。宣德十年(1435)正月,杨士奇等人以"自古人君即位之初,中外军民其心未一,但朝廷处置得宜,庶几有备无患"为名,上疏言事。他们建议操练士卒,整顿边防,在南京设立参赞机务大臣,严格考核内外官员,分遣文武官员镇抚江西等地,停罢侦事校尉①,这是针对宣德朝宦官出使各地而言。这可以说是杨士奇等人的施政纲领,较为全面地表现了他们对朝局的认识,事务涉及部院。严格来说,杨士奇等人已违背祖制,但其深受太皇太后张氏的信任,又是顾命大臣,故而也无人深究。他们提出的主张得到太皇太后张氏与明英宗的批准。同年十二月初五,眼见内阁已全面参与朝政,同是作为顾命大臣的礼部尚书胡濙奏请三杨"轮议建言事件",明英宗与太皇太后张氏予以批准。② 于是大学士三杨便可"合法"地与部院等机构商议臣民建言。明英宗也沿袭其祖父的做法,不断给三杨加官。正统三年(1438)四月,因《明宣宗实录》修成,明英宗下令杨士奇、杨荣俱为少师,杨溥为少保。三杨便都有了三孤职衔。

在明英宗与太皇太后张氏的信任与支持下,三杨得以继续影响政局。然物极必反。虽然史书多载正统初期,天下承平,但实际上,正统初年天下多事,即使是有着仁宣之治美称的治世,也有数不清的统治危机。三杨面对这些危机,虽试图挽救,但似乎效果不佳。三杨此时备受信任,权力巨大,但其政治理念与明英宗等人逐渐产生分歧,而他们又苦无良策,无能为力,只能眼看着大厦将倾。

有学者指出三杨与明英宗的分歧主要表现在对经筵进讲、麓川之役与

---

① 《明英宗实录》卷1,宣德十年正月庚子,第33-34页。
② 《明英宗实录》卷12,宣德十年十二月壬寅,第217页。

对待宦官的态度。① 经筵事与明英宗对待王振的态度前文已提,此不再赘述。以下概述一下麓川之役。

麓川之役对正统朝影响较大。麓川位于今云南省腾冲市西南。麓川问题起于洪武年间。麓川对明朝政府态度变化无常,乃至于明朝政府认为,"麓川负恩怙恶,在所必诛"。经过明太祖与明成祖的军事镇压,暂时缓解了边疆危机。但由于麓川位于西南,与安南接壤,多个民族混杂,又有延续数百年的土司制度,明廷对此处的管理颇为不善。宣德年间,明宣宗放弃安南,使得西南边疆与东南亚区域的局势发生改变,麓川部分民众再次产生叛乱之心。首领思任发曾任麓川平缅军民宣慰使,见明廷对云南管辖松懈,便在正统元年(1436)十一月侵扰云南其他土司,使得西南局势顿时紧张。黔国公沐晟、英国公张辅等人主张出兵平叛。但明军在平叛的过程中相继失利,沐晟也因此而暴卒。朝堂上对招抚、抚捕、平叛争论不已。明英宗于正统六年正月举行廷议,最终决定按兵部尚书王骥、英国公张辅等大部分官员的意见派兵平叛。随后明英宗便命兵部制定征讨方略。刑部右侍郎何文渊、翰林院侍讲刘球、杨士奇先后进言反对出兵。何文渊与刘球所言多是泛泛而论,有学者指出他们"既不直接负责边防军务,又不了解边防全局和麓川问题的要害。……无视国家利益和轻视边疆的空洞朝议,自然不会被深为边疆忧虑的英宗采纳"②。与何、刘二人的坚决反对不同,杨士奇颇为"首鼠两端",展示了其"可进可退、明哲保身的灰暗心理"③。杨士奇在奏疏中指出:"昔太宗皇帝征讨有罪,必先遣人再三抚谕,及其不从,然后加兵。今麓川拒命,臣亦深切恶之,非欲释其罪。但思古人有言兵者凶器,战者危事。

---

① 赵毅、罗冬阳:《明英宗传》,人民出版社,2019 年,第 36-37 页。
② 陆韧:《泛朝政化与史料运用偏差对边疆史地研究的影响——以明代"三征麓川"研究为例》,《中国边疆史地研究》2010 年第 1 期,第 1-11 页。
③ 赵毅、罗冬阳:《明英宗传》,第 41 页。

自古圣帝明王皆不轻用者,恐害及无辜,有伤天地之和气也。"①也就是说,明成祖和自古圣明帝王不轻易用兵,要先招抚,而且轻易用兵对明廷极为不利,但他又言"愿大兵出行,必出万全",也就是皇上您只要布置得当,出兵征伐也未尝不可。实际上等同于什么也没有说,也没有提供切实可行的意见。杨溥才能方面远不如杨士奇与杨荣二人,对此事没有发表相关意见。杨士奇等人身为文臣,秉持圣王之治,多认为应以和平方式进行招抚;同时又有浓厚的华夷观,对非传统的中原文化及其影响地区,也就是那些化外之地、之民,在心理上持有轻视心理,自然不愿大费周章地进行管理,这些地方与民众可有可无,只要管辖好中心区便足矣,这也是他们在宣宗朝劝谏明宣宗放弃安南的原因。这种思想与明英宗等人有明显的差异,王骥等人从国家尊严、局势出发,认为必须出兵平乱,也许也有建功立业之意图。而对明英宗来说,"率土之滨,莫非王土",麓川问题意味着皇权受到挑战;他自小耳濡目染先祖纵横沙场之事,也想解决先祖们所不能解决的问题,成为一代明君。

杨士奇等人与明英宗之间的分歧愈演愈烈,虽然明英宗对三杨继续保持高规格的待遇,不断地赏赐,但是在朝政上已不再听取他们的建言。而三杨随着年龄的增加,心态也改变了,对朝政时局都存在判断失误,尤其是对宦官王振的崛起擅权抗争不力,于是乎"晚节不保"。

二、太皇太后张氏

太皇太后张氏,为明仁宗之妻,明宣宗之母。从某个角度来说,她是三杨最大的政治依靠。

明仁宗为太子时,由于一些原因,不得明成祖喜爱,汉王、赵王乘机多次构陷。但是张氏所生长子朱瞻基聪慧好学,深得明成祖宠爱,明成祖曾对徐

---

① 杨士奇:《东里别集》卷3《论遣将征剿麓川》,景印文渊阁四库全书第1239册,第656页。

皇后说很喜爱张氏这个儿媳,史家多言"濒易者屡矣,卒以后故得不废"。明仁宗即位后,立张氏为皇后,对其甚为尊重,"中外政事,莫不周知"①。其子朱瞻基登基,即为明宣宗,尊其为皇太后,张氏成为明朝第一个皇太后,"军国大议多禀听裁决"②。史家认为宣德朝与正统朝初年,局势平稳,张氏出力甚多,称赞她为"女中尧舜"③。当然明仁宗与明宣宗可能只是出于特殊的情感才向其咨政,查阅相关文献记载,并没有找到张氏直接参与朝政的记录。明仁宗与明宣宗也没有打破明太祖的祖制。但不管怎样,张氏在当时的政坛有一定的影响,而在正统初年,她的地位愈发重要。

明宣宗为一代英主,但其寿命较短,享年才38岁,而太子朱祁镇即位时方才7岁。当时,宫中流言四起,有传言张氏将会立己子襄王为皇帝。流言直指张氏,即使张氏有如此想法,亦不能付诸实践。为了国运,她当机立断,召集诸大臣到乾清宫,指着太子朱祁镇说道:"这就是新天子!"于是群臣高呼万岁,流言才得以平息。朱祁镇即位为明英宗,遵明宣宗遗诏,凡朝廷大政均奏请张氏而后行,并于当年二月,尊张氏为太皇太后。④ 大臣请求张氏垂帘听政,张氏说:"不要破坏祖宗之法。只需将一切不急的事务全部废

太皇太后张氏

(来源:中国历代名人图像数据库)

---

① 张廷玉:《明史》卷113《仁宗诚孝张皇后传》,第3512页。
② 张廷玉:《明史》卷113《仁宗诚孝张皇后传》,第3512页。
③ 傅维麟:《明书》卷20,中华书局,1985年,第250页。
④ 张廷玉:《明史》卷10《英宗前纪》,第127页。

止,时时勉励皇帝向前人学习,并委任得力的辅佐大臣就可以了。"张氏所言的辅佐大臣主要指三杨,"凡朝廷大事皆自三公处分"①。史家多强调张氏对三杨的支持、对宦官王振的抑制,但事实是否如此呢?如果张氏对王振的抑制非常有力的话,王振还会恣意妄为吗?明英宗年间会出现土木堡之变吗?明政局会衰落吗?显然不会。

　　三杨,或者说是朝臣与张氏之间的纽带在于明仁宗与明宣宗。明仁宗册封张氏为皇后时,派遣了太师英国公张辅、太子太傅安远侯柳升、少傅兼吏部尚书蹇义。明宣宗时常陪太后游宴出行。如宣德五年,明宣宗同张太后、众大臣一起谒长、献二陵,张太后又在行殿召见了陪同大臣张辅、杨士奇、杨荣、金幼孜、杨溥、蹇义等人,皇太后张氏对他们说:"皇帝数言卿数人,赞辅多用心,今家国清宁,生民无事,固是祖宗垂佑,亦有卿等之力。"②张氏寄希望于先帝遗臣辅佐自己的儿子创清平盛世。因其侍奉先帝,历经三朝,且拥有贤惠之名,当明宣宗去世后,遗诏中直言"大事白皇太后行"③。明宣宗遗诏应是内阁代拟,也可以说这是内阁对张氏的肯定,并希望以此换取张氏的支持。毕竟祖训中明言后妃不得干政,因此她还是要依仗老成之人,也就是先帝遗臣。

　　历来都不缺少阿谀奉承之人,有官员奏请张氏垂帘听政,如汉唐女主。但张氏甚为清醒,她以不能破坏祖宗之法而拒绝,劝勉新君向前人学习,并委任得力的辅佐大臣。但谁也不能忽略张氏在正统朝初期的影响,比如她下令停止了宣宗时一切玩乐和不急之务。

　　王振曾依仗明英宗的喜爱,藐视阁臣,扰乱内阁行使权力。史书记载太皇太后张氏得知王振为难杨士奇后大怒,派人警告王振:"再尔,必杀无

---

① 王锜:《寓圃杂记》卷10《王振》,中华书局,1994年,第81页。
② 《明宣宗实录》卷64,宣德五年二月己亥,第1496—1497页。
③ 张廷玉:《明史》卷113《仁宗诚孝张皇后传》,第3513页。

赦。"①最为史家津津乐道的便是张氏欲杀王振一事。张氏召英国公张辅,阁臣杨士奇、杨荣、杨溥,礼部尚书胡濙入朝,明英宗也在场。议事后,张氏命人宣王振进见。张氏对王振说道:"汝侍皇帝起居多不律,今当赐汝死。"就在太皇太后张氏大声呵斥的同时,身后的侍卫女官都齐刷刷地拔出刀架在了王振的脖子上。这突如其来的变故把王振吓得浑身哆嗦,旁边的五位大臣也是一头雾水。这时旁边的明英宗连忙跪下来求情,而五位大臣看见明英宗都求情了,他们也只得跪下一起求情。张氏似乎并不是真的想要杀了王振,看着周围人求情,张氏也顺水推舟,饶恕了王振。但张氏仍对明英宗说:"你还年幼,不知道宦官们自古祸人家国之事。"又对王振言道:"今天看在有人替你求情的分上,我就饶了你,今后不准你再干扰国事!"②虽然没有处死王振,但已经杀了王振的威风,此事后,王振不得不有所顾忌,张氏在世时他始终不敢胡作非为,"以故王振虽宠于帝,终太后世不敢专大权"③。

上述两条史料见于李贽《续藏书》、谷应泰《明史纪事本末》、夏燮《明通鉴》、张廷玉《明史》等书,作者基本上都是生活于晚明,甚至是清朝之人,离正统年间已有数百年之久,而叙述者的描述如亲眼所见,应该是进行了艺术加工,因此有学者指出"有关这两个事件的记述颇多气氛渲染,并不十分可信",但是其所反映出的内涵却是极其丰富的。④ 史书多强调经过张氏的抑制,王振在正统初年"未横",气焰受到抑制,但实际上似乎并非如此。正统初年,王振业已干预朝政,杨士奇曾上疏奏请太皇太后张氏罢免王振,但是张氏和英宗都未听取他的意见。

假设该记载为真,那么杨士奇等人恳请张氏不诛杀王振,是出于何种原因呢?或许他们已看出张氏只是想敲山震虎,警告王振,毕竟最后对王振没

---

① 夏燮:《明通鉴》卷22,英宗正统二年正月,第921页。
② 夏燮:《明通鉴》卷22,英宗正统二年正月,第921—923页。
③ 张廷玉:《明史》卷113《仁宗诚孝张皇后传》,第3513页。
④ 赵毅、罗冬阳:《明英宗传》,第30页。

有进行实际性的处分。另外,他们知道明英宗与王振的关系,张氏年事已高,明英宗势必亲政,到时也许会秋后算账。再者,此举或许是张氏的权衡之术,三杨毕竟是外臣,张氏可能担心三杨欺负幼主。自从明宣宗交给司礼监批红权后,既使皇帝从沉重的政务中得以解脱,又可以使内外廷之间相互监督与制衡。

张氏有时亦采纳王振的意见。如正统四年(1439),杨士奇与杨溥因福建按察佥事廖谟杖死驿丞之事而争议不决,"溥怨谟,论死。士奇欲坐谟因公杀人",刑部一时无法定论结案,遂请张氏裁决。张氏听从了王振的建议来裁决此事。① 史载此事之后,王振侵夺阁臣职权,步步紧逼,而三杨等人只能被动地退让。

然不管怎样,张氏还是要支持三杨的,毕竟三杨是顾命大臣,又是资格最老者,有些朝臣还是他们的门生故吏。但随着她的去世,三杨再无内援。张氏于正统七年(1442)十月去世,在去世前她曾召杨士奇、杨溥入宫,问国家尚有何大事未办。杨士奇列举三事:其一建庶人虽亡,当修实录;其二太宗下诏处死藏有方孝孺等建文朝臣之书者,希望能够解除此禁;其三未及奏上张氏已崩。至于第三事是何事,史籍无载,是否为宦官问题呢?

正统五年(1440),杨荣病逝;正统九年(1444),杨士奇因为其子杨稷杀人而引咎辞职,旋即病逝。而此时杨溥也年事已高,其政治计谋也比不上杨荣、杨士奇等人,而杨荣向明英宗推荐的马愉、苗衷等人则资历太浅,威望不够,王振逐渐开始操纵朝政。正统十一年(1446),杨溥去世。三杨作为一个政治组合正式结束。而后王振擅权,局面愈发不可收拾,最终怂恿明英宗御驾亲征蒙古。在未经认真准备的情形下,明英宗被俘,明朝大军全军覆没。后来有史家称"此三人者在,当不至此"。②

---

① 谷应泰:《明史纪事本末》卷29《王振用事》,第315页。
② 张廷玉:《明史》卷148《杨溥传》,第4144页。

三、"明称贤相，必首三杨"

杨士奇、杨荣、杨溥三人历仕建文、永乐、洪熙、宣德、正统五朝，三杨这一组合在阁时间长达四十三年，在洪、宣、正统初年对朝政施以重要影响，在明初的政治舞台上发挥了重要作用。

三杨皆是在建文朝时期步入仕途，但都没有位极人臣，政治抱负没有展现。当明成祖通过靖难之役登上皇位，他们选择了归顺明成祖，没有为建文帝尽忠。遍览明清史籍与现代研究论著，似很少有人以此苛责三杨。而历史也证明三杨的选择是正确的。前文多次强调明太祖废相、靖难之役、太子东宫官属三件事情，是三杨得以立足明初政治中心的三大基石。废相后，明太祖等人不断寻找新的机构替代丞相的作用，最终设立内阁。明成祖发动靖难之役，三杨归顺，从而在仕途上崭露头角。先后与皇太子朱高炽、皇太孙朱瞻基建立关系，是他们在仁宣两朝发挥影响的关键因素。但他们没有及时地与明英宗建立联系，从而导致对明英宗的影响力降低。三杨最为史家所称道的是他们促成仁宣之治的出现。

仁宣时期，三杨成为明朝政治的重要决策者。他们对明仁宗与明宣宗的辅佐，或者说是他们的关系，可谓如鱼得水。他们依照"与民休息"和"宽仁安国"的治国方略，推行了一系列有益于国计民生的举措和政策，共创了仁宣之治。虽然在明英宗初期，三杨也继续推行仁宣时期的政策，并纠正当时的一些弊端，但没有再现仁宣时期的局面。仁宣时期是三杨政治生涯的高光时期。之所以如此，主要有以下原因。

首先是仁宣时期政治形势的改变。所谓时势造英雄。仁宣时期，明初政治转型，治国方略调整。明朝初年，太祖、惠宗（建文帝）和成祖三朝的社会政治气氛相当紧张，皇帝试图通过各种方式收回权力。明仁宗一改其父明成祖崇尚武力、严刑峻法和征伐四方的统治风格，注重宽仁好生和休养生息，将治国方略向温和稳定的方向发展。明宣宗即位后，沿袭其父明仁宗的政策,这既适应了明朝政治发展的要求,也顺应了历史的发展潮流。这一新的形势变化对治国人才提出新的要求,更需要文官政治。

其次,三杨自身具有极高的政治才能和良好品行。杨士奇办事谨慎,有全局观,能谋善断;杨溥为人温和,行事低调,而品行端正;杨荣则警敏,在军事方面颇具天赋。三人性格互补,各有所专,各有所长,而擅长事宜亦能互为补充,故能在明初政坛上精诚合作。不仅如此,杨士奇等三人对与帝王有关的事务处理得当,杨士奇为人谨慎,朝中事宜就连家人亦不透漏只字片语,应该说他深谙传统社会的为官之道;杨荣自永乐朝开始即宠信不减;杨溥则温和善良,在帝王面前更是注意自己的言语行动。他们三人身上的这些优秀品质和性格特点,让他们能在仁宣二帝时期的政治活动中占据一席之地。

"仁宣之间,政在三杨"。三杨在仁宣时期的政治贡献主要体现在以下方面。

第一,民生方面。在三杨的支持与引导下,明仁宗与明宣宗相继推行轻徭薄赋的政策,安抚流民,节俭持国,停罢或减少一些劳民伤财的皇家及朝廷用度,以安抚百姓,稳定社会经济。

第二,吏治方面。三杨主张完善选拔人才途径,并严格考核官员;又提倡直言纳谏,广开言路。仁宣两朝的政治风气相对宽松,群臣敢于进言,一定程度上制约了皇权;而言路畅通后所形成的"上下情通、政得其平"的政治氛围,更有利于整个封建官僚行政体系的正常运转,有利于政局的稳定和政策的连续。在刑法上,三杨主张持法公正和用法平恕,他们反对各级司法机构施用严刑逼供,反对以法外用刑等暴酷手段审讯疑犯,要求主管法司在施刑前要再三执奏。同时,建议各主要司法衙门定期派员清理各郡县积狱。

当然,我们也应看到三杨的不足。

第一,明朝已步入中国传统社会晚期,在应对传统与新因素两方面的挑战之际,三杨并没有清楚意识到时局的变化,在传统儒家政治理念的主导下,他们谏止郑和下西洋、放弃安南等举措,使得明朝错过了最好的发展机会。

第二,过于明哲保身,对皇帝阿谀奉承。因阁臣自身的特性,导致其无法定参与朝政的权力,他们凭借与皇帝的特殊关系参与朝政,与皇权产生了无法剥离的关系,因而对皇权的制约作用并没有得到充分发挥,反而为了保证现有之权力,不得不迎合皇帝。面对帝王不当举措时,他们是有选择地进行劝阻,揣摩圣意为先。

第三,明代宦官擅权现象,可追溯至明初,明宣宗设立内书堂,命宦官批红,明显违背了祖制,但是三杨没有劝阻。也许此是因为他们处理朝政同样违背了祖制而无立场劝阻。宦官擅权之时,三杨没有激烈抗争,没有劝谏皇上,反而寻求与宦官合作,此举无疑刺激了宦官的野心。

如果按照儒家的人生理想而言,即"修身齐家治国平天下",三杨可谓是较为完美地实现了这一人生规划。一些史家认为,三杨后期不仅没有对抗擅权的宦官,也没有及时解决明朝遇到的统治危机。然金无足赤,人无完人,虽然三杨存在诸多缺点,但我们不能忽视其对明初政局的贡献,应客观对待。

附录

三杨年表

元至正二十五年(1365)

杨士奇一岁。

十二月二十三日,杨士奇生,名寓,字士奇,号东里,谥号"文贞",江西泰和(今江西吉安市泰和县)人。

元至正二十六年(1366)

杨士奇二岁。

五月,朱元璋攻打张士诚。

十二月,韩林儿去世。朱元璋政权不再以龙凤纪年,以明年为吴元年。

元至正二十七年、吴元年(1367)

杨士奇三岁。

四月,父亲杨子将卒于袁。

九月,张士诚自缢。

十月,朱元璋发布《谕中原檄》,派徐达、常遇春率军北伐。

十一月,方国珍归降朱元璋。

明洪武元年(1368)

杨士奇四岁。

正月,朱元璋在南京称帝,是为明太祖,国号大明,年号洪武。

八月,明军攻克元大都,元顺帝逃出大都,奔赴上都。

外祖父陈以静归葬其父,杨士奇与其母返回江西泰和。其母陈夫人改嫁罗子理,杨士奇改姓"罗"。

洪武二年(1369)

杨士奇五岁。

其母陈夫人亲自教授《孝经》《大学》《论语》《孟子》等书。

洪武三年(1370)
杨士奇六岁。
明太祖分封诸子。

洪武四年(1371)
杨士奇七岁。
杨士奇继父罗子理考取进士,授职江西德安府(今江西九江市德安县)同知,全家随行。
其母陈夫人告知杨士奇杨氏家族事,杨士奇遂在别室祭祀杨氏先祖。后被其继父与母亲发现,恢复"杨"姓。
杨荣一岁。
十二月,杨荣生。初名子荣,字勉仁,福建建宁府建安(今福建建瓯市)人。

洪武五年(1372)
杨士奇八岁。
杨荣两岁。
杨溥一岁。
杨溥出生。杨溥,字宏济,湖广布政使司石首(今湖北石首)人。

洪武六年(1373)
杨士奇九岁。
杨士奇继父罗子理谪戍陕西永昌(今甘肃金昌市永昌县),杨士奇归泰和。

杨荣三岁。

杨溥两岁。

洪武八年(1375)

杨士奇十一岁。

杨士奇求学于陈海桑,手抄四书五经等书。

杨荣四岁。

杨溥三岁。

洪武九年(1376)

杨士奇十二岁。

杨士奇师从陈海桑攻举子业。

杨荣六岁。

杨荣能诵《孝经》《论语》《孟子》等。

杨溥五岁。

洪武十一年(1378)

杨士奇十四岁。

杨士奇与陈海桑之孙陈孟洁拜访刘方东,刘方东认为杨士奇目前虽为寒士,但日后必将飞黄腾达,勉励杨士奇"人有不为,而后有为,尔其勉之"。

杨荣八岁。

杨荣祖父达卿去世,杨荣哭泣甚哀。

杨溥七岁。

洪武十二年(1379)

杨士奇十五岁。

杨士奇任教于里塾。

杨荣九岁。

杨溥八岁。

洪武十三年(1380)

杨士奇十六岁。

杨士奇坐馆于山东萧尚仁,求学者甚多,因知友人家贫无以养母,遂令部分学生受教于友人。其母陈夫人以此鼓励道:"儿他日从政,当如是矣。"

杨荣十岁。

杨溥九岁。

洪武十四年(1381)

杨士奇十七岁。

杨士奇坐馆于泰和袁氏。刘氏姑全家疫疾,亲戚邻里皆不敢往来,杨士奇每日探视,竟无恙。

杨荣十一岁。

杨溥十岁。

洪武十五年(1382)

杨士奇十八岁。

杨荣十二岁。

杨荣奉母命综理家事。

杨溥十一岁。

洪武十七年(1384)

杨士奇二十岁。

杨士奇创作《小学训蒙》《劝学文》《养中说》。

杨荣十四岁。

杨溥十三岁。

洪武十八年(1385)

杨士奇二十一岁。

杨士奇坐馆于江西锡坑谢氏。

杨荣十五岁。

岁大旱,杨荣向父亲请命,斋戒三日,率乡人前往龙岩(今福建龙岩市)祷告求雨,大雨。

杨溥十四岁。

洪武十九年(1386)

杨士奇二十二岁。

杨士奇抄录《二程全书》《楚辞》。

杨荣十六岁。

杨溥十五岁。

洪武二十年(1387)

杨士奇二十三岁。

杨士奇创作自警诗一首。

杨荣十七岁。

乡大疫,死者过半,杨荣染疾,垂危,其父备棺殓,后痊愈。冬,成为郡庠生,师从周质夫、赵友士学习《易经》。

杨溥十六岁。

洪武二十一年(1388)

杨士奇二十四岁。

杨士奇抄录《二程全书》中《明道》部分及《古文苑》《杜诗》。

杨荣十八岁。

杨溥十七岁。

洪武二十二年(1389)

杨士奇二十五岁。

杨士奇乡试落第,遂外出游学,至武昌(今属湖北武汉市)。

四月,太子朱标病逝,谥号"懿文太子"。朱允炆被册立为皇太孙。

杨荣十九岁。

杨溥十八岁。

洪武二十七年(1394)

杨士奇三十岁。

杨士奇居武昌。

杨荣二十四岁。

杨荣娶刘氏。

杨溥二十三岁。

洪武三十年(1397)

杨士奇三十三岁。

杨士奇居武昌,考证伊洛渊源。冬归泰和。

杨荣二十七岁。

杨溥二十六岁。

洪武三十一年(1398)

杨士奇三十四岁。

六月,明太祖去世,朱允炆即位,改明年年号建文。

杨士奇馆淘金。后坐馆于武昌陈士良家。母陈夫人去世。

杨荣二十八岁。

六月,夏原吉巡抚福建,见杨荣。

杨溥二十七岁。

建文元年(1399)

杨士奇三十五岁。

杨士奇坐馆于桃源萧德黄家。

杨荣二十九岁。

杨荣参加福建乡试,中解元。

杨溥二十八岁。

杨溥参加湖广乡试为首选。考官胡俨赏识其文。

七月,燕王朱棣以祖训为名,起兵靖难。

建文二年(1400)

杨士奇三十六岁。

杨士奇坐馆于桃源萧安正。娶严夫人。因翰林院修撰王原推荐,入京。

杨荣三十岁。

杨荣参加礼部会试,第三名。参加殿试,最终位列第二甲第三名,赐进士及第,授职翰林院编修。

杨溥二十九岁。

杨溥参加礼部会试,中第二名,殿试第二甲第六名,赐进士及第,授职翰林院编修。

建文三年(1401)

杨士奇三十七岁。

三月,杨士奇奉旨入翰林院纂修《明太祖实录》。吏部考试史馆诸儒,杨士奇得第一,授职吴王府审理副。不久仍入翰林院。

杨荣三十一岁。

杨溥三十岁。

建文四年(1402)

杨士奇三十八岁。

六月,明成祖入城,杨士奇、解缙、胡广等人前来归附。明成祖授职杨士奇为翰林院编修。

八月,明成祖命杨士奇、解缙、黄淮、胡广、杨荣、金幼孜、胡俨入值文渊阁,参掌机密。

十二月十日,杨士奇升任翰林院侍讲。

杨荣三十二岁。

六月,明成祖入京,杨荣劝谏明成祖先祭拜祖陵,再入宫即位。得明成祖赏识,赐名"荣",升任翰林院修撰。

八月,杨荣与杨士奇等人入直文渊阁,预机务。

十一月,杨荣晋翰林院侍讲。

杨溥三十一岁。

杨溥仍任翰林院编修。

永乐元年(1403)

杨士奇三十九岁。

杨荣三十三岁。

九月,刘夫人卒于京。十月,杨荣归葬建安。

杨溥三十二岁。

永乐二年(1404)

杨士奇四十岁。

四月,明成祖册立长子朱高炽为皇太子。任命杨士奇兼任左春坊左中允。

四月,明成祖赐杨士奇二品金织衣。

六月,杨士奇请皇太子读《大学衍义》。

杨荣三十四岁。

二月,杨荣还京。奉旨修撰《古今列女传》完成。

四月,明成祖任命杨荣为奉训大夫、右春坊右谕德,仍兼翰林院侍讲。

明成祖赐杨荣象笏幞头公服,寻赐杨荣金纻丝衣,"以示旌异"。

杨溥三十三岁。

四月,明成祖任命杨溥为皇太子洗马。

杨溥择取汉文帝事编类成书以献,太子朱高炽大悦,赐书嘉奖。

杨溥奉命与解缙等人编修《永乐大典》。

永乐三年(1405)

杨士奇四十一岁。

十月,杨士奇考满复职,授承德郎。

杨士奇奉太子朱高炽命,校勘《欧阳文忠公全集》。

杨荣三十五岁。

秋,明成祖时召杨荣评议诸司事宜,奏对称旨,明成祖赐二品金织纱罗衣及钞币。

杨溥三十四岁。

永乐四年(1406)

杨士奇四十二岁。

杨士奇进《圣孝瑞应诗》《出师领》。

杨荣三十六岁。

二月,杨荣得寒疾,明成祖特派御医诊治。

杨溥三十五岁。

杨溥担任会试考官。

永乐五年(1407)

杨士奇四十三岁。

六月,明朝改安南为交趾,设立交趾布政使司。

十一月,杨士奇升左春坊左谕德,兼翰林院侍讲。

杨士奇进《平安南诗》。

杨荣三十七岁。

五月,杨荣奉命前往甘肃规划军务。还京奏对,明成祖大悦,亲自切瓜赐予杨荣。

十一月,杨荣升任奉议大夫、右庶子,仍兼翰林院侍讲。

杨溥三十六岁。

永乐六年(1408)

杨士奇四十四岁。

四月,杨士奇长子杨稷出生。

十一月,杨士奇奉命辅导太子朱高炽长子朱瞻基。

杨荣三十八岁。

四月,杨荣父亲去世。

六月,杨荣告归。

十月,明成祖诏命杨荣起复。杨荣奉命辅导太子朱高炽长子朱瞻基。

十月二十日,杨荣母亲去世。杨荣乞归,明成祖不允。

杨溥三十七岁。

永乐七年(1409)

杨士奇四十五岁。

二月,明成祖巡幸北京,太子朱高炽监国,命杨士奇、蹇义、黄淮、金忠辅佐皇太子。

杨荣三十九岁。

春,明成祖帝巡幸北京,杨荣与胡广、金幼孜三人扈从。

七月,鞑靼各部请求归降,明成祖命杨荣与甘肃总兵官何福一同处理此事。事还,明成祖大悦。杨荣奉命册封何福为宁远侯。

十一月,杨荣还京,条陈边境便宜十事。明成祖褒奖之。

杨溥三十八岁。

杨溥父亲去世,杨溥归乡守丧。

永乐八年(1410)

杨士奇四十六岁。

二月,杨士奇患心疾,太子朱高炽赐诗慰问。

杨荣四十岁。

春,明成祖北征漠北蒙古诸部,杨荣、胡广、金幼孜三人扈从。

七月,明成祖班师回朝,命杨荣先还奏报太子朱高炽。

杨溥三十九岁。

永乐九年(1411)

杨士奇四十七岁。

二月,杨士奇作《宽恤交趾诏》。

三月,明成祖召见杨士奇,询问监国时期太子行为,杨士奇以孝敬回旨。

十一月,明成祖册立朱瞻基为皇太孙。

杨荣四十一岁。

正月,杨荣乞奔母丧,明成祖准奏。

六月,杨荣还京师,奏对福建民情。

八月,杨荣担任应天府乡试考官。

九月,皇太子朱高炽令杨荣陪侍皇孙读书于文华殿。

十月,明成祖下令重修《明太祖实录》,任命杨荣、胡广等人为总裁。

杨溥四十岁。

永乐十年(1412)

杨士奇四十八岁。

杨荣任礼部会试主考官。

二月,明成祖授杨士奇为左春坊左谕德,诰赐杨士奇父子同其官职,赠其母、妻为宜人。

杨荣四十二岁。

二月,明成祖封赠杨荣父母及妻。

十一月,老的罕逃赤斤蒙古复叛,明成祖命丰城侯李彬讨伐,又命杨荣前往经略。

十二月,杨荣还京,奏请不用派兵讨伐。未几,叛者请求归附。

杨溥四十一岁。

永乐十一年（1413）

杨士奇四十九岁。

春，明成祖巡行北京，命杨士奇居守南京，赐天文书一部，辅佐太子朱高炽监国。

杨荣四十三岁。

明成祖北巡，杨荣与胡广、金幼孜三人扈从。

杨溥四十二岁。

明成祖北巡，命杨溥以洗马身份辅佐太子监国。

永乐十二年（1414）

杨士奇五十岁。

明成祖北征，杨士奇辅佐太子监国。

十月，明成祖还京，太子朱高炽迎驾迟缓，汉王朱高煦进谗言，明成祖斥责太子，下东宫官属于诏狱。旋即，杨士奇被释免、复职。回南京。

杨荣四十四岁。

三月，明成祖北征卫拉特，皇长孙朱瞻基随行。明成祖命杨荣、胡广、金幼孜三人向皇长孙陈说经史，杨荣兼领尚宝司事。

十一月，明成祖令杨荣等人为总裁，编修《四书五经》《性理大全》。

杨溥四十三岁。

杨溥任应天府乡试主考官。

十月，因太子朱高炽迎驾迟缓，东宫官属杨溥等人被系诏狱十年。狱中，杨溥读书不辍。

永乐十三年（1415）

杨士奇五十一岁。

杨士奇辅佐太子监国。与尚书蹇义论事于文华殿。

杨荣四十五岁。

九月,《四书五经》《性理大全》成。

杨溥四十四岁。

永乐十四年(1416)

杨士奇五十二岁。

明成祖还京师,独召杨士奇询问汉王府事。

杨荣四十六岁。

四月,杨荣升任翰林院学士,仍兼春坊庶子。

十月,明成祖还南京,杨荣扈从。

杨溥四十五岁。

永乐十五年(1417)

杨士奇五十三岁。

二月,杨士奇升任翰林院学士,兼左春坊左德谕。

三月,明成祖巡幸北京,杨士奇留守南京,辅佐太子朱高炽监国。

杨荣四十七岁。

三月,明成祖巡幸北京,杨荣、胡广、金幼孜扈从。

杨溥四十六岁。

永乐十六年(1418)

杨士奇五十四岁。

杨士奇辅佐皇太子监国,担任会试主考官。

十一月,杨士奇奉敕撰皇太孙赐名敕。

杨荣四十八岁。

三月,杨荣作《进士题名记》。

五月,杨荣进呈《明太祖实录》。胡广卒,明成祖命杨荣掌翰林院事。

六月,杨荣奉命编修《天下郡邑志》。

十二月,杨荣密疏言十弊。

杨溥四十七岁。

永乐十八年(1420)

杨士奇五十六岁。

十一月,杨士奇侍从太子朱高炽奔赴北京。

杨荣五十岁。

闰正月,杨荣与金幼孜升任文渊阁大学士,兼翰林院学士,掌太学。

杨溥四十九岁。

永乐十九年(1421)

正月,明成祖定都北京。

杨士奇五十七岁。

正月,杨士奇升任左春坊大学士,授奉议大夫,辍翰林院兼职。太子朱高炽称杨士奇与蹇义为其左膀右臂。

二月,杨士奇担任会试主考官。

杨荣五十一岁。

四月,杨荣奉天、华盖、谨身三殿火灾,杨荣率士兵三百人,救御书、图籍。

杨溥五十岁。

永乐二十年(1422)

杨士奇五十八岁。

因汉王朱高煦谗言,杨士奇再次下狱。

杨荣五十二岁。

三月,明成祖北征,杨荣扈从,参与军务。

八月,明成祖还京师。九月,明成祖犒赏从征将士,分四等赐宴,杨荣位列前席。

杨溥五十一岁。

永乐二十一年(1423)

杨士奇五十九岁。

太子朱高炽在文华殿密谕杨士奇。

杨荣五十三岁。

七月,明成祖西征,杨荣扈从。

八月,明成祖命杨荣掌管军务,不直呼其名,而称其为"杨学士"。

杨溥五十二岁。

永乐二十二年(1424)

杨士奇六十岁。

杨士奇充廷试读卷官。

七月,明成祖驾崩,杨士奇与杨荣等人商议明成祖后事与太子即位事。八月,明仁宗授杨士奇为礼部左侍郎,兼文华殿大学士,专管内阁。九月,杨士奇晋升少保兼华盖殿大学士;明仁宗赐予杨士奇、杨荣、蹇义等人"绳愆纠谬"银章,阁臣始有密疏言事之权。十月,杨士奇晋升为少傅,授荣禄大夫。

杨荣五十四岁。

三月,明成祖北征阿鲁台,杨荣扈从。六月,大军到达达兰纳木儿河(位于今蒙古国境内),粮饷不济。杨荣与金幼孜奏请班师,明成祖准奏。七月,至榆木川(位于今内蒙古自治区呼伦贝尔市海拉尔区),明成祖崩。杨荣与金幼孜、中官马云商议秘不发丧。杨荣与宦官海寿先行还京告知太子。八月,抵达京师,宣布明成祖遗命。太子朱高炽即位,是为明仁宗。杨荣升任嘉议大夫、太常卿,仍兼翰林院学士等职。九月,杨荣晋升太子少傅,兼谨身殿大学士;明仁宗赐予杨荣等人"绳愆纠缪"银章。十月,明仁宗命杨荣与杨士奇查审大理寺案件。十二月,明仁宗授予杨荣工部尚书,食三禄。

杨溥五十三岁。

八月,明仁宗释放杨溥出狱,任命其为翰林院学士。

洪熙元年(1425)

杨士奇六十一岁。

正月,明仁宗命杨士奇兼兵部尚书,三俸俱支。杨士奇上疏辞尚书俸禄与田地。明仁宗赐杨士奇少傅兼华盖殿大学士。三月,明仁宗赐杨士奇"贞一"银印与玺书。五月,明仁宗崩,杨士奇与杨荣等人商议迎皇太子朱瞻基入京即位。太子监国南京,杨士奇尽心谋划。六月,皇太子朱瞻基即位,是为明宣宗。七月,杨士奇奉敕编修《明太宗实录》《明仁宗实录》。

杨荣五十五岁。

正月,杨荣上疏请辞尚书俸禄,明仁宗不允。明仁宗册封杨荣祖、父、祖母、母。五月,杨荣奉命编修《明太宗实录》。七月,奉命与杨士奇、黄淮等人修《明仁宗实录》,任总裁官。

杨溥五十四岁。

正月,明仁宗创建弘文阁,简选杨溥入直,掌阁事。六月,明宣宗即位,杨溥代表群臣作《贺即位表》。七月,杨溥与杨荣等人共同担任《明仁宗实录》总裁官。因明仁宗去世,杨溥上疏交还弘文阁印,明宣宗罢弘文阁,命杨溥入内阁,与杨士奇、杨荣等四名阁臣参与机务。

明宣宗破例赐杨溥、陈山、张瑛等人其祖父母妻室诰命。

宣德元年(1426)

杨士奇六十二岁。

八月,汉王朱高煦谋反,杨士奇与杨荣力促明宣宗御驾亲征,平叛。反对陈山等人奏请讨伐赵王。明宣宗赐白金文绮。仁宗朝,杨士奇曾建议科举分区域取士,时杨士奇再次奏请科举分南北卷,明宣宗批准。

杨荣五十六岁。

正月,杨荣奉命总裁《历代臣鉴》《外戚事鉴》。八月,汉王谋反,杨荣率先奏请明宣宗亲征。

杨溥五十五岁。

八月,杨溥扈从明宣宗亲征汉王。杨溥与杨士奇反对讨伐赵王,明宣宗采纳。

宣德二年(1427)

杨士奇六十三岁。

二月,明宣宗以辅佐有功,赐杨士奇"清方贞靖"银章。

十一月,皇太子朱祁镇生,诏赦天下。

杨荣五十七岁。

二月,以定计平叛有功,明宣宗赐杨荣"方直刚正"银章一枚。明宣宗将其亲自绘画题诗《春山》《竹石》《牲牛》三图赐予杨荣。

杨溥五十六岁。

杨溥等任礼部会试考官。

宣德三年(1428)

杨士奇六十四岁。

十月,明宣宗传谕杨士奇、杨荣、蹇义、夏原吉"可辍所务,朝夕在朕左右,相与讨论至理"。

杨荣五十八岁。

八月,明宣宗北巡,杨荣扈从。九月,明宣宗闻兀良哈寇边,亲率士兵抗击,命杨荣扈从。

杨荣作《神功圣德诗有序》。

杨溥五十七岁。

宣德四年(1429)

杨士奇六十五岁。

杨荣五十九岁。

正月,杨荣陪祀南郊,受赐。七月,杨荣建议钞法,受赐。

杨溥五十八岁。

因母丧,杨溥归葬。七月,明宣宗幸文渊阁。八月,杨溥起复。

宣德五年(1430)

杨士奇六十六岁。

正月,杨士奇进呈《明太宗实录》《明仁宗实录》。明宣宗陪侍皇太后张氏谒长陵,召杨士奇、杨荣、杨溥等人于行殿。十月,杨士奇扈从明宣宗巡边。

杨荣六十岁。

三月,杨荣晋升少傅,仍兼文渊阁大学士等职,阶荣禄大夫,三俸俱支。杨荣上疏请辞大学士俸,明宣宗准奏。八月,明宣宗赐杨荣一品诰命,封赠杨荣三代考妣及妻。

杨溥五十九岁。

宣德六年(1431)

杨士奇六十七岁。

七月十五日夜,宣宗御驾杨士奇府邸。九月,明宣宗赐杨士奇宅。

杨荣六十一岁。

杨荣上疏奏请以少傅一职的俸禄用于祭祀赈恤乡里之贫乏者。

杨溥六十岁。

十二月,武英殿大学士金幼孜去世,阁臣仅有杨士奇、杨荣与杨溥三人,实际上由杨溥掌内阁事。

宣德七年(1432)

杨士奇六十八岁。

十月,杨士奇历官三考,明宣宗称赞其"有良臣之体"。杨士奇建议三品以上京官皆可举荐官员,明宣宗准奏。

杨荣六十二岁。

杨溥六十一岁。

宣德八年(1433)

杨士奇六十九岁。

三月,杨士奇充廷试读卷官。八月,明宣宗赐杨士奇银图书两枚。杨士奇上疏奏请致仕,明宣宗不准,但允其明年还乡一次。

杨荣六十三岁。

杨溥六十二岁。

杨溥奉旨为进士题名碑作传记。

明宣宗亲自绘一幅元老图赏赐杨溥。

宣德九年(1434)

杨士奇七十岁。

九月,明宣宗北巡,杨士奇、杨荣、杨溥、蹇义等人扈从。

杨荣六十四岁。

杨溥六十三岁。

明宣宗升杨溥为礼部尚书,仍兼翰林院学士,掌内阁。

宣德十年(1435)

杨士奇七十一岁。

正月,明宣宗崩,杨士奇、杨荣、蹇义等人拥护太子朱祁镇即位,是为明英宗。少师、吏部尚书蹇义去世。杨士奇奉命"条拟初政合行首"。

七月,杨士奇、杨荣、杨溥等人奉命编修《明宣宗实录》,担任总裁官。

杨荣六十五岁。

杨溥六十四岁。

十二月,太皇太后张氏命杨士奇、杨荣与杨溥"轮议建言事件"。

杨士奇、杨荣与杨溥拥有票拟权。

宦官王振掌司礼监。

正统元年(1436)

杨士奇七十二岁。

杨荣六十六岁。

杨溥六十五岁。

三月,开经筵。

杨溥受赐诰命。

正统三年(1438)

杨士奇七十四岁。

四月,《明宣宗实录》成,杨士奇晋升少师兼谨身殿大学士。

杨荣六十八岁。

四月,《明宣宗实录》成,杨荣晋升少师兼谨身殿大学士。

杨溥六十七岁。

四月,《明宣宗实录》成,杨溥晋升少保兼武英殿大学士。

杨士奇、杨荣与杨溥都有了三孤职衔。

正统四年(1439)

杨士奇七十五岁。

二月,杨士奇上疏请求致仕,明英宗未准,但允许其回乡省墓。五月还朝,明英宗赐宴慰劳。

杨荣六十九岁。

杨溥六十八岁。

杨士奇与杨溥因福建按察佥事廖谟杖死驿丞之事而争议不决。

正统五年(1440)

杨士奇七十六岁。

杨荣七十岁。

二月,杨荣上疏乞归展墓,明英宗派中官护行。七月,卒,讣闻,明英宗辍视朝一日,赠杨荣太师,谥号"文敏",授世袭都指挥使。

杨溥六十九岁。

正统六年(1441)

杨士奇七十七岁。

杨溥七十岁。

二月,杨溥乞归省先茔,明英宗派遣中官护送,赏赐彩币金帛。

正统七年(1442)

杨士奇七十八岁。

五月,明英宗大婚,英国公张辅为正使,兵部尚书兼华盖殿大学士杨士奇和户部尚书王佐为副使,册钱氏为皇后。

十一月,江西泰和县民劾奏杨士奇之子杨稷在乡豪横杀人事。

杨溥七十一岁。

四月,翰林院建成。

八月,明英宗称杨士奇、杨溥为"辅相元老",破例给二人以三代诰命。

正统八年(1443)

杨士奇七十九岁。

四月,科道官弹劾杨士奇纵子为恶。明英宗予以宽宥。杨士奇称病不入内阁。

杨溥七十二岁。

正统九年(1444)

杨士奇八十岁。

三月,杨士奇去世。追赠左柱国,谥号"文贞"。五月,归葬泰和县。

杨溥七十三岁。

七月,杨溥上疏请乞休。明英宗未准。

正统十年(1445)

杨溥七十四岁。

五月,礼部奏言正统初年,阁臣轮议官民建言,现今杨士奇与杨荣离世,奏请令学士陈循等人会同杨溥一同参与朝政。明英宗准奏,又以杨溥年老为由,令其不参加朝议。

正统十一年(1446)

杨溥七十五岁。

七月,杨溥病逝。赠太师,谥号"文定"。

三人年表根据《太师杨文贞公年谱》《太师杨文敏公年谱》、陈循撰《少保礼部尚书兼武英殿大学士赠太师谥文定杨公墓志铭》以及《历代名人年谱》等书编撰。

延伸阅读书目

杜乃济:《明代内阁制度》,台北:台湾"商务印书馆",1967年。

王其榘:《明代内阁制度史》,北京:中华书局,1989年。

关文发、严广文:《明代政治制度研究》,北京:中国社会科学出版社,1995年。

谭天星:《明代内阁政治》,北京:中国社会科学出版社,1996年。

卫建林:《明代宦官政治》,石家庄:花山文艺出版社,1998年。

韦庆远:《张居正和明代中后期政局》,广州:广东高等教育出版社,1999年。

葛荃:《立命与忠诚——明人政治精神的典型分析》,杭州:浙江人民出版社,2001年。

李渡:《明代皇权政治研究》,北京:中国社会科学出版社,2004年。

王春瑜、杜婉言:《明朝宦官》,西安:陕西人民出版社,2007年。

洪早清:《明代阁臣群体研究》,武汉:华中师范大学出版社,2012年。

田澍:《明代内阁政治研究》,北京:人民出版社,2017年。

后记

在写本书之前,我的研究重心是万历朝内阁首辅沈一贯。为了更好地开展研究,梳理了明代内阁制度的演变,对明初内阁制度的创立及其背景有所涉及,但对杨士奇、杨荣与杨溥三人并不了解。因本书,我查阅相关文献,对三杨有所了解,他们具有传统儒家士大夫的品质,事功显著,与万历朝的阁臣有很大的不同。万历朝阁臣,诸如张居正、申时行、王锡爵、王家屏、沈一贯等人都有一番建功立业之心,在品性方面可谓一时之人选,但他们所处的时代环境与三杨的时代背景已经有显著的差异。他们没有来自皇权的坚定支持,在朝堂中步履维艰,空有一身抱负却无处施展。史家多认为自申时行以后的诸阁臣多婉转顺承皇帝,在职无所事事。综观申时行等阁臣的政治行迹,事功确实不明显,也没有扭转明朝弊政,但他们真的只是谄媚皇帝吗?显然不是。他们为"得君",必须顺承帝意,只有得君才能行道。对比明初与明代后期的内阁,我们可以明确阁权必须有皇权的支持,否则一无是处。三杨之所以能够在仁宣时期大放光彩,很大程度上是因有皇权的支持。

第一次尝试写传记,文笔架构虽然不是很成熟,一些地方词不达意,但也花了相当多的精力,才把这本不成熟的小书完稿。本书的完成离不开他人的帮助。感谢两位编辑的耐心校读。感谢潘雪松、侯嘉伟、程丞为本书的撰写搜集整理了一些文献资料;感谢吕成震、杨昊哲、肖秋池提供了本书所需的照片。感谢爱人与家人对我的理解与支持。